遇见最美的四季

新童年教育纪实

吕华　葛静萱　李莹　著

山东城市出版传媒集团·济南出版社

图书在版编目（CIP）数据

遇见最美的四季：新童年教育纪实 / 吕华，葛静萱，李莹著. -- 济南：济南出版社，2022.11
ISBN 978-7-5488-5249-0

Ⅰ.①遇… Ⅱ.①吕… ②葛… ③李… Ⅲ.①小学教育 – 教育研究 Ⅳ.①G622.0

中国版本图书馆CIP数据核字(2022)第199654号

遇见最美的四季——新童年教育纪实
YUJIAN ZUI MEI DE SIJI XINTONGNIAN JIAOYU JISHI

出 版 人	田俊林
责任编辑	李　敏　张冰心　高邦哲
装帧设计	胡大伟
出版发行	济南出版社
地　　址	济南市市中区二环南路1号（250002）
发行热线	（0531）86922073　67817923
	86131701　86131704
印　　刷	济南鲁艺彩印有限公司
版　　次	2022年11月第1版
印　　次	2022年11月第1次印刷
成品尺寸	170 mm×240 mm　16开
印　　张	16.25
字　　数	220千字
定　　价	69.00元

（如有印装质量问题，请与出版社联系调换，联系电话：0531-86131736）
版权所有 侵权必究

编委会

陈文萍　谢春雪　杨文璐　张　雪　张宝瑞
卢　娜　杨晓旭　赵蕴丽　夏英杰　王美玲
黄　珊　邢蓓蓓　张　文

序 一

玉函山下腾飞的"金丝雀"

陈培瑞

半个身躯依偎在玉函山的怀抱,半个身躯被融汇生活小区的楼群环绕,一座朴素大方的拐角楼坐落在山脚下,一片方形校园和隆起的操场,三块两米多高的泰山石分别压在校门口和操场南侧的两个对角,一条穿越楼群的东西向和南北向相交的"丁字形"窄马路通往校门口,沐浴乡野之风,弥漫泥土气息,30多名教师、500多个孩子在这里"过日子",宛如温馨的港湾。这所学校就是2016年作为新建融汇生活社区配套设施应运而生的济南市市中区爱都小学——一所地处城乡接合部的"半庄户"学校。处在这种环境中的"一张白纸"的学校,在大众目光里能"办学"就实属不易了。然而让许多人意想不到的是,它竟在短短三年内脱颖而出:先是培育出特色鲜明的"全课程",继而打造出充满生命律动的教育空间和植入"社会元素"的"学习社区",进而生成"全人教育"视域下的"新童年教育"理念系统。这引起省、市教育部门,多家新闻媒体和专家学者的关注。2018年儿童节,时任山东省委书记刘家义来学校考察,他看到孩子们"玩中学""做中学"的乐学状态和粘贴在教室、走廊墙壁上的一张张笑脸、创意画、"悄悄话",不由赞叹:"想不到孩子们可以这样学，还是这样学得好。"同年 11 月，全国"全课程"实验学校联盟在该校召开现场研讨会，爱都小学介绍了引进、嫁接、创生"全课程"的经验。2019 年，爱都小学成为济南市特色学校培育基地之一。中国教育报、山东教育报、济南日报、山东教育电视台、当代教育家等媒体分别以长篇通讯、新闻报道、论文等形式解读该校开展新童年教育的实验成果。《遇见最美的四季——新童年教育纪实》一书，是展示该校开展新童年教育实验成果的"集大成"之作。一群亲力亲为的"草根"勇敢地拿起笔来，以"自己救自己"的主人翁态度、乐观自信的心态和生动鲜活的语言，追忆自己经历的沧桑岁月，追寻自己行走的脚印，再现自己创设的情景，感悟自己的实践所蕴含的道理，展望自己理想的彼岸。字里行间烙印着艰难行走的脚步，浸染着"路漫漫其修远兮，吾将上下而求索"的迷茫与苦涩，跃动着生命的音符，洋溢着成功的喜悦。

笔者作为爱都小学改革过程的介入者，曾多次与校长吕华及老师们面对面交流，一起描绘蓝图，一起设计方案，一起攻坚克难，与爱都同仁成了同一个战壕的战友，分享他们成功的快乐，也分担了他们的磨难。我经常与他们用同一个视角看问题，也经常换一个视角探究竟。爱都小学为何迅速形成办学特色？他们成功的秘诀在哪里？我认为有以下四点。

一、不走寻常路，独辟蹊径办新校

爱都小学原为济南市老牌名校纬二路小学的一处分校。总校长烟文英理念先进，治校有方。她倡导和引领的"成全每一个生命"的办学理念及实践，已在该校外显于行、内化于心，成为济南市成功开展生命教育的"品牌"。吕华是与烟文英"搭档"多年的副校长，介入了实施生命教育的全过程，对改革原委了然于胸。2016 年，她出任爱都小学校长，如果在该校推行生命教育，可谓驾轻就熟、顺理成章。但她选择了逆势而上、另辟蹊径办新校的"天路"和"苦旅"。开明大度的烟文英也不主张爱都小学成为校本部的"附属物"或"复制品"。她认为该校可以借鉴校本部推行生命教育的神韵,利用新建学校如"一张白纸"般可以写上最新、最美文字的先天优势,踏出一条属于自己的办学之路。在"天时、地利、人和"的情势下,吕华与她的伙伴们开启了登攀"天路"的艰难跋涉。她求教于理论,问计于专家,考察于京沪江浙名校,深究于校情,比较鉴别,行成于思,最终选择以北京亦庄实验学校给予"全人教育"理念的"全课程"为"蓝本",移植、嫁接于本乡本土。一棋走准,全盘皆活。移植"全课程"犹如一着"妙棋","举棋开盘""棋开得胜"。

二、以改革为"切入点",凝聚人心和力量

改革的实质是求新求变,打破旧格局,建立新格局;打破旧样态,创生新样态;打破旧秩序,建立新秩序。顺应了人心思变,厌倦陈腐、机械重复的大趋势,必定促进新的优化组合,焕发无限生机和活力。爱都小学一路开拓,"全天候"变革,改了课程、改了空间、改了教学方式、改了学习方式、改了学习组织、改了学生管理,形成了改革的环境、改革的氛围、改革的节奏、改革的旋律,生成了新习惯、新样态、新价值、新风尚。许多教师在求新求变中浴火重生,教学理念和方式发生蝶变。对"全课程",由"照搬"到"理解",由"嫁接"到"创生",由"感悟"到"灵动","心有灵犀一点通"。对教育空间建设,由"物理空间"变为"人文空间",由"成人目光"转为"儿童视角",由"教室空间"拓展到"室外空间",由"交往空间"变为"心灵空间"。许多教师笔下的"全课程"和"教育空间",犹如"小荷尖角",绽放一池春水;犹如"秋水伊人","在水一方";犹如黑柳彻子笔下的《窗边的小豆豆》,渴望关爱、理解和生长。

三、学习与借鉴,在引进外来理念与本土化之间寻找结合点

改革成功的关键是把来自高层的决策和国内外的理念、经验"接上地气",借鉴"他山之石"来"攻己之玉",把外来的种子植入本土。大至宏观改革,

小至微观改革，无不如此。此次基础教育课程改革的突出特点是引进大量西方教育理念和范式，许多美丽的光环因不服水土而黯然失色，甚至销声匿迹。爱都小学的改革对这些引进的教育理念多有借鉴，如"全人教育理念"、"新童年社会学"、"PYP"课程十大概念和六大主题、教育空间建设理论等。爱都小学的改革之所以成功，在于移植本土、落地生根。"全人教育理念"来自西方，该校没有照搬套用，而是把握其"联结""整体性""存在"三大概念的哲学意蕴和以人为本、尊重生命，促进智、情、意、真、善、美协调发展的神韵，立足小学生身心发展特点和成长规律，在"全人教育"的"应然状态"与"实然状态"、全面发展与个性发展、能力发展与精神发展、人的独立性与社会性之间寻找结合点，把小学"全人教育"定位为"以儿童少年为教育对象，以在智、情、意、真、善、美等方面打基础为立足点，以培养适合小学生的核心素养为重点，以国家课程为主要载体，以'五育并举'为根本途径，培养人格健全、心灵自由、体魄强健、多元智能的完整的人"的教育模式。该校把"全人教育"聚焦为特定群体、特定学段、特定目标、特定路径，避免了在小学阶段实施"全人教育"可能出现的"虚化""泛化""成人化"和"高大上"倾向，提高了实施"全人教育"的适用性、可行性和操作性。

四、科研助力，头脑清醒搞改革

当今中小学的改革实践中头脑不清醒者、盲目行动者、主观臆造者、行政命令者，并非个别现象。推行某项改革，为什么要改？改的是什么？在想不清楚、说不明白的情况下就盲目行动，行走了很远，仍不知道从哪里出发。有些缺乏理论支撑的设想、方案，通过行政手段强推，导致行动者方向模糊、思想迷茫、各行其是。轻者，使改革停留在浅层次；重者，造成大面积失误。爱都小学的改革，之所以进展得比较顺利，取得明显成效，重要原因之一是有位具有科研头脑的校长，开展教育改革比较理性，自己勤于学习和思考，并引领教师历练科研头脑。无论开展何项改革，她都求教于专家，带领教师以论坛、课题研究等形式，弄清楚理论依据、核心概念、路径策略，形成项目设计，然后实施。小学管理者及教师多为"工作头脑"，忙于繁杂事务和教育教学工作，较少学习理论和深入探究问题。教育改革的"四段论"，即"为什么、是什么、怎样做、做到什么程度"，很多人不甚了了，只是若明若暗、似是而非地去做，做到什么程度也缺乏科学检验。爱都小学的改革坚持"四段论"，他们做事情、搞改革，养成了溯本求源、追问反思、梳理经纬、提炼概括的思维顺序和习惯，正在经历由"工作头脑"向"科研头脑"的转变，这是中小学改革走出"瓶颈"和"高原期"的根本之道。

爱都小学的"蝶变"潜在"密码"，笔者略解一二，就教于同仁。

（作者系山东省教育科学院研究员）

序 二

"爱都三问"：抵达教育的本质

吕 华

苏格拉底说："未经反省的人生不值得过。"其实教育也是如此。

爱都小学是一所地处城乡接合部的新建学校，在发展的过程中既有各种机遇，也面临着各种问题和困难。六年来，我们敏锐地抓住各种机会发展和壮大自己，同时也心存敬畏和谦卑，不断反思办学实践中大大小小的失误，且行且思，摸着石头过河，一点点改进。终于，学校由一个新生的"婴儿"成长为健壮的"少年"，受到家长和社会各界的赞誉。

这种一边前进一边反省和改进的发展方式，源自学校始终坚持的三个追问，我们称之为"爱都三问"。

"爱都三问"，缘起于建校100天的庆祝活动。

2016年12月9日，是爱都小学建校100天的日子。

按照我们中国文化的习惯，一个孩子出生100天要举行百日庆祝活动，那爱都百日我们该怎么办？

一开始，我们按照惯常的思维方式，想借这个机会，为这所新建学校制造一点声势，举办一场隆重、盛大、热烈的百日庆祝活动，来扩大学校的影响力。

但是，老师们讨论着讨论着，就觉得这个思路有问题：我们把百日庆祝的重心是放到活动上还是放到孩子身上？

很显然，我们更应该庆祝的是孩子们度过 100 天校园生活，而不是学校办学 100 天。一所小学的灵魂永远是儿童，以及儿童的生活。

于是，我们群策群力，以儿童为本，开发了爱都"百日课程"，整个课程持续 7 天。

第一天，敲响百日钟声，唤醒孩子们的回忆，收集祝福，感受入学的 100 天对自己成长的重要性。

第二天、第三天，孩子们寻找 100 天的成长细节，并用自己喜欢的方式表达出来。

第四天、第五天，小朋友们互相分享自己的成长细节，相互发现，相互赞美。

第六天，开展"创意 100"手工制作，火腿肠、水果、豆粒……这些居然成了孩子们创意的工具。

第七天为"双胞胎日"，也叫"好友日"，孩子们在校园里寻找自己最喜欢的好朋友，结成"双胞胎"。一对对"双胞胎"走进教室，一起进行"百"的微课程学习，共同绘制百米长卷。这个百米长卷至今还悬挂在教学楼一楼大厅。

"百日课程"赢得了孩子们的一致喜欢，同时也受到了家长的广泛好评。

我们欣喜之余，组织老师们进行了反思：7 天的活动，我们究竟给孩子留下了什么？整个课程，的确突出了儿童的核心地位，的确非常有趣、好玩，但如果仅仅做到这些，游乐场里的活动，不是远比我们的"百日课程"更热闹、更好玩吗？

我们发现，在百日课程的实施过程中，孩子们一直是在学校精心设计的框架里活动，他们的思维并没有真正被激发、被点燃，他们的观念也没有真正被触动、被改变。

于是，我们有了三个追问：

追问一：课程设计是否真正凸显儿童本位、童真和童趣？

追问二：课程实施是否真正联系生活，让孩子具身体验？

追问三：课程结果是否真正激活了思维、构建了观念？

我们把这三个追问，当作爱都设计和实施一切课程的顶层追问。从此，"爱都三问"就成了我们学校发展的一种力量——反思、内省的力量。

下面，就给大家讲述几个基于反思和内省而不断改进、创新、更迭的爱都教育案例。

一、专属兆乐的运动空间

朱兆乐是六年级一班的学生。

有一次，他在走廊里一边狂奔一边喊叫，被我发现了，我问他为什么要在楼道里乱跑乱叫。

他非常委屈地说："课间同学们都想到楼下玩，可是我们在四楼，往返时间太紧了，紧得难受，只能在这里跑。"

这个事情对我触动很大！六年级的孩子，正处在青春发育的前期，精力旺盛，需要合理的渠道和方式来宣泄，而我们没有考虑到孩子的这些特点和需求。

"爱都三问"，首先就是坚持儿童本位。以儿童为中心的空间，就要真正为孩子的成长和需求服务。

四楼南边的大厅正好有一个闲置区，完全可以放一些运动器材，满足孩子们的运动需求。怎么设计这个运动空间呢？于是我们跟兆乐同学商议，让他来牵头设计。

兆乐同学很激动，立马行动起来，很快提供了一个设计方案。这个方案比较简单，只需活动地毯和常见的几种运动器材。

这时，我们想到了"爱都三问"中的第三问：是否真正激活了孩子的思维？于是，我们没有直接对方案提出意见，而是建议他带着方案采访同学，征求意见。他愉快地接受了建议，到处找同学商议，然后拿出了第二个方案和第三个方案。到第三个方案时，他已经把很多同学的想法融进来了。这个时候，我们发现，他的思路打开了，思维被真正激活了、点燃了。

四楼的活动场地建成了，投篮区、蹦蹦床区、体感机……这里成了孩子们课间放松的乐园。基于儿童本位的思考，老师们干脆就用这个孩子的名字来命名这个空间——"兆乐运动空间"。

兆乐从此成了这里的志愿者，每天都要跑来料理一番。

"爱都三问"中的第三问是：课程是否真正构建了孩子的观念？

我们与他讨论："这个空间是用你的名字命名的，但是其实它是属于所有同学的。如何才能让大家都积极爱护和管理这个空间呢？"

兆乐同学频频点头，他明白了，要有团队意识，要凝聚大家共同来做事。于是，他发起了兆乐运动空间管理小组，招募志愿管理者。小志愿者们一起制定了规则，每天都来这里维护秩序。

更让人欣喜的是，在他毕业前夕，他居然招募了接班人，并在毕业典礼上举行了隆重的交接仪式。

建设兆乐运动空间，不但给孩子提供了课间活动的场地，更重要的是，场地的建设变成了教育的过程。孩子们自己设计、自己管理，学会了创造，更学会了合作。

我们进一步追问：难道学校只有这一个"兆乐"吗？当然不是。学校的每一个孩子都可以成为"兆乐"。

于是，我们设立了"小小设计师日"，让每一名学生都成为学校的设计者。

那一天，校园真正属于孩子。

一年级的学生以"五感爱都"为主题，绘制出自己心中学校的颜色、形状。

二年级的学生根据"魔法四季"课程设计菜园、校园植被。

三年级的学生设计学校的功能室。

五、六年级的学生通过对未来学校的设计表达对母校的热爱和祝福。

最富有创意的是四年级。师生共同研读《绿野仙踪》，制作了英雄成长的"路线图"，并且根据书中的奥兹城堡，用废旧纸盒设计、制作了自己的"魔法城堡"，塑造出心目中理想学校的模样——海底世界般的剧场、充满艺术气息的美术馆、可以变形的多功能操场……处处彰显孩子们的创意与灵感，实现了书本与现实的连接。

校园设计日，孩子们设计了什么、设计得是否精彩，其实并不是最重要的，我们更看重的是，在这个过程中，孩子们综合运用学科知识解决真实问题，提升创造性思维和团队协作的能力。

二、在一个鸟窝里寻找高阶学习的意义

在我们学校，一进校门，有六棵高大的银杏树。

但其中有一棵枯萎死掉了，被移走了，留下了一个树坑，很不安全。怎么办呢？有人提出直接填埋树坑。但想到"爱都三问"中的第一问——"是否坚持儿童立场"，我们便把这个问题抛给了孩子。

孩子们叽叽喳喳，脑洞大开，说："校园的鸟很多，我们就在这里搭个鸟窝吧！"

孩子们查阅资料、设计图纸，请工人师傅帮忙，搭建了这个鸟窝。

鸟窝建成了，安全隐患消除了，这个项目是否就算结束了呢？我们总感觉还欠缺点什么，因为这似乎只完成了"爱都三问"中的两问，孩子们的思维和观念并没有从中得到激活和构建。

但具体怎么往下走，当时我们心里并没有数。

春天过去了，夏天过去了，机会来了。我们发现，孩子们精心设计的鸟窝，竟然没有一只鸟在这里安家。

这是为什么？我们立刻把这个问题再次抛给孩子，孩子们的研究热情一下子被激发起来了！高年级同学自发成立了研究小组，提出了一系列问题：

鸟窝看上去很美，为什么不能吸引小鸟来安家？

人造鸟窝和自然鸟窝有什么区别？

还有哪些人造的东西，大自然并不"买账"？

我们人类和大自然的关系究竟是怎么样的？

……

孩子们研究发现：

第一，校园里的人越来越多，小鸟缺少安全感，所以不敢来。

第二，人造鸟窝是我们自己想当然设计的，未必是小鸟真实需要的样子。

第三，要解决"如何让小鸟在校园安家"，仅仅改造鸟窝是不够的，更重要的是为小鸟创建良好的生态环境。

于是，孩子们有了小鸟保护计划，提出了在校园里多种树的建议，还得出结论：尊重动物的天性，尊重大自然的规律，不惊动大自然就是最好的保护。

发现树坑—搭建鸟窝—人和动物的关系研究—大自然保护计划，由最初解决现实问题，进而延展到思考人类和大自然的关系，这种学习和探究激活了思维、构建了观念，这是真正的高阶学习。

三、在挑战中成长

七八岁的儿童是父母的掌中宝，试想，如果他们没有父母陪伴，只能带1元钱、1瓶水，在熟悉而又陌生的城市中赚钱，供1天的花销，包括午餐费、水费、车费等，同时还要完成5个任务，该是怎样的生活？他们能生存下去吗？

为此，我们基于"爱都三问"的第二问，精心设计了"城市挑战赛"。

但是，我们马上意识到，把整个过程设计交给孩子而不是让孩子执行老师的设计，是儿童立场能否体现的关键。

于是，我们只是把任务提了出来，具体如何操作，让孩子们自己来设计。真想不到，我们的孩子非常强大。

二年级四班的孩子们分成4个小队，每个小队确定了自己的队旗、口号，选出了大队长、副队长、财务部长、销售部长、交通部长、生活部长、宣传部长和组织部长。

还没出校门，问题就来了：梓涵同学哭了，说不参加活动了，因为她竞选副大队长落选了，很伤心。这哪能行？大家都把目光投向班主任老师，老师说，你们自己的问题要自己解决。

当选的副大队长马上高风亮节地提出让位给她，其他队友也你一言我一语，和风细雨地做工作。终于，梓涵想通了，她继续担任组织部长，和队友们一起开启挑战之旅。

这个问题由孩子们自己解决与老师直接干预的效果完全不一样，孩子们从中学会了如何劝解人，如何妥协。

来到泉城广场，孩子们要完成第一个任务：卖报纸。

不少孩子羞于开口。怎么办呢？大队长现场开会，大家互相打气，一起喊口号："我勇敢，我能行，我很棒！"然后终于迈出了第一步。

然而不少孩子遇到失败，有的因此失去了信心。怎么办呢？

一位名叫启航的同学，平日在学校很腼腆，连在课堂回答问题声音都很小，没想到面对陌生人，却很有勇气。他是全班第一个开张的，那天是他的高光时刻，大家羡慕不已，纷纷找他询问秘诀。我们坚信，这次成功的销售会成为他以后面对困难时信心的来源。

谦硕同学却是另一番表现，他在学校里特别爱说话，可面对陌生的环境和人，却怯生生的不敢讲话。他一直跟在人后面，跟了两个路口都不敢开口。此时，帮助他勇敢跨出第一步，就成了小组中所有人共同的任务，大家集合在一起，给他"上课"。有打气的，"你一定能行"；有传授经验的，"找年龄大点的阿姨，她们比较有爱心"；有用激将法的，"拿出你在学校能说会道的劲头来"；还有"卖惨"的，"咱们组落后了，你得快点"。

大家本来各卖各的，后来都跟在他后面，给他加油。最后，谦硕同学一步三回头、一说三颤抖地卖出了第一份报纸。

这种真实场域里的锻炼，比课堂上多少说教作用都大。

慢慢地，孩子们放开了，越来越大方，沟通技巧也不断提高，飞虎队组员总结出可以打折销售的小技巧；章鱼队学会了向顾客介绍报纸的精彩内容；鲤鱼队和老虎队则采用集体战术，把顾客团团包围，不停地劝说……

一位老奶奶看到孩子们东奔西跑卖力地卖报纸，便提出以 20 元的价格买一份报纸。一开始孩子们很高兴，但他们研究以后认为这样不合乎规则，于是先感谢老奶奶，然后委婉地拒绝了。

功夫不负有心人，孩子们终于把报纸销售完毕。他们激动得纷纷和顾客合影，并把卖得的钱交给财务部长。财务部长收钱、算账、做统计，规划中午的花销。

首先，要留出返程的路费，然后根据钱的多少再定午餐的标准。飞虎队挣得钱最少，只能点家常菜；在他们旁边用餐的鲤鱼队伸出援助之手，点了好菜，主动和他们分享。孩子们友爱的精神受到了店老板赞扬！

一天的社会实践让孩子们知道了父母挣钱的不易，知道了团队协作的力量，知道了坚持才能成功的道理，知道了沟通的重要性……所有这些，都不是老师的说教带来的，而是孩子们自我体验获得的。思维的激活、观念的构建和转变自然而然地发生了。

追求儿童本位、追求联系生活、追求观念构建，从而推动孩子走向真正的自我成长、自我完善，拥有一个不一样的童年，这是我们爱都小学从建校之初就不断探索的新童年教育之路。

(作者系济南市市中区爱都小学校长)

引　言

聆听一首童年的歌

  玉函山自古有"小泰山"的美誉。2016年9月，在美丽的玉函山脚下，济南市市中区爱都小学正式开学了。与此同时，因城乡一体化片区改造，济南市分水岭小学的孩子们也全部就近安置到了爱都校区，共享无差别的优质教育。作为一所高起点、高定位的新建学校，爱都小学以培养"全人"为目标，重新定义学校，颠覆了传统意义的教育范式，将儿童立场、游戏精神、与生活链接作为教育的三大法宝，确立了"为生活重塑教育，为生命守护童真"的办学理念。基于现代儿童生长的时代和儿童成长的需要精心设计课程，开展"新童年教育"的实践研究，通过形象重塑、资源重组、课程再造、教学重构，培养文化自信、生活自立、心灵自由、有志愿者精神的"爱都棒小孩"。

  建校以来，在爱都这个充满爱的部落，拾秋、踏雪、寻春、探海……一个个跨学科、大单元主题课程让学习自然发生，让学生在不知不觉中爱上学习。"开笔礼""百日庆典"……一个个仪式课程擦亮学生生命中每一个重要的日子。清明节、端午节、中秋节、春节……一个个节日课程通过多学科融合让孩子了解中国传统节日，弘扬中国传统文化。每个孩子的专属生日课程让孩子们有了安全感、归属感和自我价值感。混龄交互式部落课程，通过以大带小，让孩子们互相关爱、团结协作、和谐共生。自主借阅图书、篮球足球社团……

"一日暖生"课后延时服务真正做到让有需要的学生早到可进校、进校有事做、做事有指导。学校还致力于打通校内外、教室内外的壁垒，整合校园、家庭、社区、社会、自然多元空间的教育资源，为学生重塑以学习者为中心的成长空间，形成开放的、包容的、安全的、共享的交互式学习社区，让每一个儿童在社区生活中学会生活、学会学习、学会交往。

为了把爱都的教育办出特色，六年来，学校不仅以爱的教育无声地浸润每一个孩子的成长，也用专业的力量重塑着每一位教师的教育追求。学校先后派遣超出全校教职工总人数三分之二的教师队伍赴北京、广州、南京、上海等地参观、学习。北京亦庄小学、赫德国际小学、中关村三小、第十一中学等学校，更是多次前往学习。

学校还先后邀请"全课程"专家到校授课、指导教学；邀请科研专家、大学教授到校指导课程研发和空间建设；邀请心理专家、正面管教专家等到校指导学生教育、家庭教育……

伴随着教育名师不断走进校园，爱都的教师快速地实现着专业成长，"做幸福的点灯人"成为每一位爱都教师的自觉追求。学校形成了以"培养全人"为愿景，以"学生童年的自我建构"为核心追求，通过"全课程"的研发和实施，构建空间、游戏、仪式、网络、家庭五位一体的教育生态体系。

2020年，爱都小学这所只有五年校史的新学校获得"济南市特色学校"的荣誉称号，被评为"济南教育榜样"。

本书记录了发生在这所小学里的关于生命成长的动人故事。我们期待透过那沉淀在四季里的故事，一起回望童年的纯真、探寻成长的秘密……

美丽的童年只有一次。如果每一个童年都是一首美丽的歌，那就和我们一起歌唱、一起聆听吧！

目 录
MULU

开 学 季
爱都之秋

告别童年之重返一年级 / 003

走进"秘密花园" / 006

让爱拥抱你 / 010

我的第一天 / 013

晨圈开启美好的一天 / 016

安静的小水滴 / 019

开笔礼 / 022

彩色的月亮 / 024

帐篷里的中秋诗会 / 028

中秋·童年·探月 / 030

叶子先生变形记 / 034

独一无二的自己 / 037

一片叶子落下来 / 039

一起去采秋 / 042

有秋天味道的沙包 / 044

秋天的魔法 / 049

教室里的"玉米场" / 050

我就是秋天 / 051

花儿与中国——赴一场与菊花的约会 / 054

蕴藏季
爱都之冬

秋收冬藏 / 061

跟着雪花看世界 / 062

陪你写诗之冬日诗集 / 068

踏雪寻梅 / 071

上学 100 天啦！/ 073

你好，我的朋友——欢迎加入我的朋友圈 / 084

香草女巫狂欢派对 / 090

迎新年之冬日市集 / 093

生肖闯年关 / 103

期末庆典——为每一个生命喝彩 / 122

萌生季
爱都之春

你好，春天 / 139

花仙子之约 / 145

花仙子，我们来了！/ 149

我的花仙子 / 151

你好花仙子，再见花仙子 / 154

红包灯笼和猜谜大会 / 157

我的自然笔记之旅 / 160

青青园中葵 / 166

春天的味道 / 169

春天里做一件美丽的事 / 173

我家的春天 / 178

节气里的春天 / 182

成 长 季
爱都之夏

在挑战中成长 / 187

学校里都有谁 / 191

一本书的诞生 / 194

我的秘密基地 / 198

兆乐运动空间 / 201

我们的魔法学校 / 205

"爷爷，我的铁环呢？" / 208

教室里的海底世界 / 211

探秘海洋馆 / 215

哪吒闹海 / 218

大海，我来啦！ / 221

荷花朵朵开 / 224

雪儿老师的"四季" / 228

走过二十四节气 / 230

后　记 .... / 233

又是一个新新的九月,
开学季恰逢绚丽多彩的秋天。
秋风四起,落叶飞舞。
小水滴们、小糖果们、小鲤鱼们
纷纷走出教室,
在校园里捡拾落叶,
开启独属于他们的魔法四季。

开学季 爱都之秋

告别童年之重返一年级

（2020年9月1日）

"看，这是我们的星空走廊，我们上二年级时所有同学一起完成的！看，这个射手座就是我画的！"

又是一个新新的九月，孩子们开学的第一天，五年级的芳睿在向一年级刚入学的弟弟妹妹介绍校园。到了五年级，他们已经是一个即将和童年说再见的少年了，于是五年级开展了"告别童年之重返一年级"适应性课程的学习。

上午，五年级的小蜜瓜们一起寻找"童年的印记"，一起分享"童年之最"。

星空走廊

"我最喜欢这个经典阅读机啦！一下课我就来这里听诗……"从小就喜欢阅读经典的利棣说。

"音乐厅是我最喜欢的地方，我第一次在这里为大家演奏钢琴曲，吸引了好多小听众呢！就像快闪一样，太令人激动啦！从此我更加喜欢弹琴，弹的曲子也更多了……"音乐厅首批小钢琴手靖祺自豪地回忆着。

回顾在爱都四年的成长，孩子们个个满心满眼的兴奋和激动，对自己的童年有说不完的故事。

为了帮助一年级的小朋友更快地熟悉校园，佳慧和搭档弋洋从几天前就开始打电话讨论带领小朋友熟悉校园的路线。她们想从弟弟妹妹最急需了解的厕所、开水房和医务室开始介绍。

下午，五年级的小蜜瓜们走进一年级的教室，找到自己要带领的弟弟妹妹，开心地做着自我介绍，然后手牵手走进校园探秘。

他们向弟弟妹妹们一一介绍校园的每一个角落：

"这是我们入学100天时一起完成的百米长卷！"

"这是我们国家的地图，这是我们山东省，咱们的学校就在这里……"

"这是我们学校的后花园。夏天我们在这里上体育课，可凉快啦！"

"这是紫薇花，又叫'痒痒树'。不信，你挠挠树干，它就会痒得颤动呢！"

孩子们跟花枝一起开心地颤动……

孩子们的交流越来越多，一年级的小朋友对学校充满了好奇和惊讶。

水滴班的秉言小哥哥说："这是我们的音乐教室，以后我们就坐在这

百日课程中完成的百米长卷

参观哥哥姐姐的作品

一圈台阶上上音乐课。这里有很多音乐家的故事书，还有大鼓、笛子。这个地毯很柔软，我们上课要注意卫生哦！这是音乐教室的规则，我们都要去遵守……"

　　一年级的小弟弟说："哇，这个音乐教室好像一个魔法教室啊！"

　　……

　　在这个"重返一年级"的课程中，五年级的小蜜瓜们细心照顾着每个弟弟妹妹，凯迪大哥哥贴心地给他们遮太阳；嘉桐姐姐给小妹妹量身高，让她到入学一百天的时候看看自己长高了多少；铭轩则给他们传授打扫教室的小技巧……小蜜瓜们真的长大啦！

　　他们用这样的方式向童年致敬，快乐地说一声：童年，再见！

　　而在给弟弟妹妹介绍的过程中，他们仿佛又回到了2016年的那个九月，自己刚刚入学时的那一天……

走进"秘密花园"

(2016年8月31日)

"我找到我的教室啦!"

新一年级的小蒙来学校报到了。他没有像其他学校新生一样被父母领进学校,而是独自走进校门。小蒙是个内向的男孩,原本对上学充满了紧张,此时他怯生生地向前走着,不知道自己的教室在哪里,只知道自己是小水滴班的学生,他的胸前贴着班级标志——两个手拉手的小水滴卡通人物。突然,他惊奇地发现,校园的地上有许多标记跟自己身上贴的标志一样。他想起妈妈刚才告诉他,顺着地上的标志就能找到自己的教室。

于是,他好奇地张望着、快乐地寻找着……就像迷宫寻宝一样好玩呢!沐浴着初秋的阳光,和着清爽的微风,小蒙跟着地上的班标一路寻找,他穿过校园、来到大厅、循着走廊……咦,"小水滴"标志怎么不见了?再一抬头,门上有一个大大的"小水滴"标志。"噢——我找到小水滴班啦!"就这样,小蒙开心地找到了自己的教室。原来学校这么好玩啊!

小蒙快步走进水滴班,他发现,除了正常学校的桌椅,教室后面还有一大片柔软的地毯,已经有早到的同学在读图画书了——真像回到家一样温馨!而如家一般的教室里,早有老师等候他了。老师给了小蒙一个大大的爱的抱抱,然后温柔地说:"祝贺你成为一名小学生!欢迎你来

"我的教室在哪里?"

到水滴班，以后你就是小水滴啦！"早到的孩子们鼓掌迎接新伙伴的加入。小蒙郑重地在班标上印下自己的指纹。一个个小水滴不断加入进来……等同学们全部到位，班标"小水滴"也被一个个小手指点亮了，"从此我们就是一家人啦！"随着老师的话语落下，小水滴们欢呼起来！

跟小水滴班一样，"小糖果""小鲤鱼""小火苗""满天星"……一年级其他五个班级都有好听的名字。甜蜜的小糖果班、水一样清澈的小水滴班、热情似火的小火苗班……每个名字都蕴含着老师对同学们生命成长的美好期许。

就这样，棒棒糖走进了糖果班，小水滴汇入了水滴班，小星星汇成满天星……

这一天，192 名学生汇聚在济南市市中区南部美丽的玉函山脚下这所刚刚成立的新学校。自此，市中教育的版图上有了一个新坐标——济南市市中区爱都小学。

小蒙开心地发现，学校就像个秘密花园一样等待他去探寻。它不是冷冰冰的，是温暖的、热情的、友好的。老师、小伙伴都是朋友，在这里，他还将遇到更多的朋友……

很快，小水滴们隆重地迎来了即将与他们朝夕相处的新朋友——课本。同学们依次走到讲台前，进行新书交接仪式。终于轮到小蒙了！他快步走上讲台，按照老师的要求，双手接过新书。他回到座位上便迫不及待地轻轻翻看着，用这样的方式与这位新朋友打招呼。

这是一所可以自由呼吸的学校，每一处空间都是孩子们成长的秘密花园。

"看到我的教室啦！"

"把我的班徽贴上去。"

在教室地毯区读书的小水滴们

链接

  2017年8月31日，新一年级的校园探寻之旅正在有序地进行着。突然，走廊上传来一个小男孩的哭声。原来，他刚随着爸爸妈妈从老家来到济南，一切都是陌生的，紧张的他因找不到自己的教室而哭了起来。彩虹班的泽辰闻声赶紧从教室走出来，通过胸前的标志发现他和自己一个班，赶紧安慰他说："你是彩虹班的，快点进教室吧！别哭了，你中午就能见到妈妈了。"泽辰边说边掏出纸巾帮他擦眼泪，还主动坐在他旁

开学典礼上，校长表扬两位小勇士

边，和他成了同桌。这是一个多么有爱心的孩子啊！这一幕正巧被巡视的吕校长看到了，在开学第一课上，她向全校同学讲述了这个真实、友善的故事，并郑重地送上带有亲笔签名的绘本——《我是霸王龙》和《勇气》。通过校长的讲述，孩子们知道了如何做一个有勇气的棒小孩。

校长赠书赠言

让爱拥抱你

（2016年9月1日）

哥哥姐姐牵起我们的手

初秋的玉函山下，绿树掩映的爱都小学校园处处充满生机。迎着明媚的阳光，芳睿身穿盛装，兴奋地来到学校参加隆重的开学典礼。今天，她还要负责介绍自己的小水滴班呢！这个机会可是她报到时通过竞选赢得的。

伴随着优美的旋律，芳睿和同学们在爸爸妈妈陪伴下，牵手走过粉色的"开学门"，走进了爱都小学大家庭的怀抱。

听，他们这样介绍自己——

"大家好，我们是纯净的小水滴班！34颗小水滴融会成清澈的小溪，怀着滋润万物的博爱之心奔腾向前，奔向爱的海洋。"

"大家好，我是糖果班的糖果果，甜蜜、快乐、幸福是我们的班级密码，愿我们的加入能让校园充满爱的气息。"

……

"欢迎回家！"主持人娜娜老师开启了开学第一课。

"请、谢谢、对不起，有礼貌的小孩让人欢喜……"随着《礼貌歌》欢快的音乐，每个班级的孩子都围成一个圆圈，悦熙老师带着孩子们跳起了晨圈，用身体拥抱美丽的校园，拥抱这个美好的清晨。瞧，来参加活动的领导、老师们也加入了晨圈中！

"感谢太阳带给我们温暖，感谢大地给予我们食物……"莹莹老师带领孩子们一起朗诵感恩诗，用感恩之情浸润他们成长的每一天，让他们做有爱的爱都学子。

声音是有魔力的，诗歌是有魔力的。

开学第一课

用声音唤醒清晨，用诗歌唤醒生命。

接下来，我们听到了很多同学的名字，在报到那天他们主动整理教室卫生，愿意把自己的物品分享给同学……

"我收到礼物啦！"奥博高兴地跳了起来。

不知什么时候，操场上出现了六个可爱的福娃，他们来送福袋啦！

福袋里有什么呢？

"老师希望你每天开开心心，在学校交到许多好朋友！"

"祝贺你成为一名小学生！养成好习惯能帮助你成为一名棒小孩。"

"祝贺你获得了在班级里当一次小小主持人的机会。"

福娃送福袋 　　　　　　　　　"我收到礼物啦！"

"祝贺你可以去数学老师那里领取一个精美的笔记本。"

……

孩子们欣喜地拆开福袋,兴奋地跳跃着……

孩子们收到了来自老师的祝福,也收到了家长们送出的爱的抱抱和心愿卡。老师都一一封存在班级心愿瓶里,一学期之后看看谁的心愿最先达成。

看看收到了什么祝福

在欢快的音乐声中,在美好的祝福和满怀深情的期待中,孩子们开启了美好的学习之旅。

爱的抱抱

我的第一天

（2016年9月1日）

课堂上忍不住要尿尿怎么办？打饭必须要排队吗？……这是硕宁心头的疑惑。

《大卫上学去》《小魔怪上学记》……一个个有趣的绘本故事让硕宁知道了什么事情该做、什么事情不该做，哪些时间要做哪些事情。孩子们在不知不觉中了解了怎样讲规则，在如厕课程中学习做个有教养的爱都学子。

《大卫上学去》里调皮的大卫所表现出的问题，如手上沾满了颜料、上课上厕所等，是每一个刚入学的孩子都要面临的，也是他们所担心、焦虑的。硕宁发现，原来大卫和自己一样，也会犯错。孩子们读了大卫的故事，紧张、焦虑的情绪得到了释放，也明白了哪些"可以"、哪些"不可以"。

"除了要学会勇于承认错误以外，我们在做事之前还需要考虑什么呢？"

靖琪说："做事之前可以多想想后果是什么，不给自己惹麻烦。"

阅读了这个故事，很多小蜜瓜学会了不给自己惹麻烦、不给别人添麻烦，这成为水滴班的第一条班级规则。

接下来，六年级的学哥学姐们，牵起他们的小手走出教室，开始校

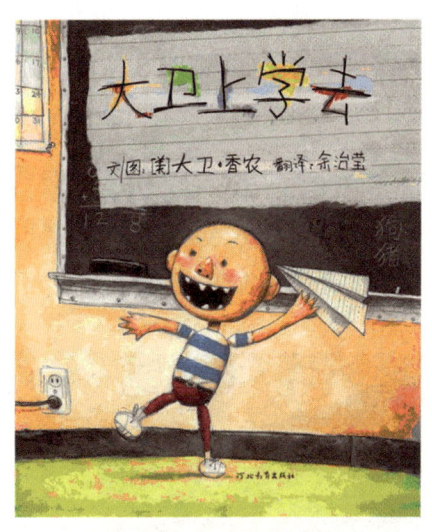

绘本《大卫上学去》

园探秘。

"水房里有水的循环图，还有好多个'水'字呢！"

"这里是厕所，红色帘子上印着小女孩图案的是——女厕所！"

"不要摁红色按钮，那里面是滚烫的热水哦！"

在哥哥姐姐的带领下探秘校园

"知道了，不给自己惹麻烦！"

"我是小水滴刘芳睿，我的自画像藏在教室后面第三个橱子里。"

"我是小水滴路煜祺，我的自画像藏在教室左边第二个橱子里。"

这是美术课吗？

在地毯上开心地读绘本

不，是数学课！

在数学课上，孩子们画起了自画像，还玩起了藏猫猫？

原来，让孩子们互相找自画像，一方面是为了介绍自己，另一方面是为了认识方位啊！

"数学课这么有趣啊！"

"上学真好玩！"

语文老师则带领孩子们诵读儿歌《我很开心》，感受上学的快乐。作业就是让孩子们画下这一天中最开心的事情，并模仿儿歌说一说，请爸爸妈妈帮忙写在画的旁边。

"在地毯上读绘本，我很开心。"

"哥哥姐姐带我们参观校园，我很开心。"

"认识了好多新朋友，我很开心。"

……

开学第一天，孩子们就这样开心地度过了。

晨圈开启美好的一天

（2016年9月2日）

"我是一条小青龙，我有许多小秘密……"

每天清晨，伴随着欢快的音乐，孩子们拉起手在教室里围成一个圈，跟着老师一起唱歌、跳舞。这就是晨圈。孩子们围成一圈，能够看到对面的同学，做起动作来也特别带劲。

爱都"全课程"的每个主题都会有一个或者多个与主题相关的晨圈。刚开学时的《礼貌歌》依托"我很开心"主题，让孩子们学会使用"请、谢谢、对不起"等礼貌用语，学习做个懂礼仪的爱都学子；玩着"拉钩钩"，孩子们依托"我交了好朋友"主题交到了好朋友；唱着《我是一条小青龙》，孩子们正确认识自我，知道"我是一个棒小孩"；伴随着《蜗牛与黄鹂鸟》，孩子们开启了"神奇的动物王国"课程，从小蜗牛身上，孩子们学到了坚持、正视自己的弱点、不怕嘲笑等品质。

"金钩钩，银钩钩，小小指头勾一勾……"

今天的晨圈主题是"拉钩钩"，请孩子们找到自己的好朋友拉成小圈。很快，小水滴们三个一圈、五个一组，都拉起

晨圈让孩子们看见彼此

了自己的"朋友圈",欣昊因为朋友多还被争来抢去。可是,有的小水滴就孤零零的,没有一个朋友来拉他,只好手足无措地站在一旁。老师赶快拉起他的小手,跟他一起拉钩钩。

用感恩诗开启新的一天

快乐的晨圈开启了美好的一天。孩子们的热情在这一刻被点燃,孩子们对学校、对学习的热爱在这一刻被激发,思维随着伸展的身体一起打开。

每天清晨是孩子们最开心的时刻,他们在晨圈中舒展身心,在朗读感恩诗中感悟生命的可贵。

晨诵结束后的"生活编织"也是孩子们最期待的。老师会把前一天发生在班级里的故事,巧妙地编织到诗歌中去,进行"微命名式表彰"。

今天的晨诵是《蚂蚁搬虫虫》这首儿歌,男女生接读,拍手朗读,还把自己当成小蚂蚁去表演,明白了生活中,朋友之间应该团结合作、互相帮助。最后,找一找谁是我们班的小蚂蚁——秉言、芳睿、若轩、奥博……都是勤劳热情的小蚂蚁。

春天到了,一首《笋芽儿》成为晨诵的主旋律,"生活编织"里努力向上的弋洋就成了"小水滴教室的那棵小笋芽儿"。读着《擦星星的人》,主动整理图书角的义鑫就成了"那个擦亮星星的人"。

……

"生活编织"中记录了孩子们成长的点滴进步,每进步一点就会得到一种色彩,很快小水滴们都迸射出了七彩光芒!美的行为、身边的榜样就浸润到孩子们的心中,他们带着这样的美好与愉悦,开始一天的学习。

这些都是每天清晨必须进行的仪式。

"叮铃铃——"上课了!《开学啦》《神奇的动物王国》《大卫勇闯拼音国》

上课啦!

《数学欢乐谷》……一本本精美的新书朋友带领孩子们学习。生活场景自然融入,音乐、美术甚至科学随时插入,孩子们根本不觉得是在学习。

孩子们一下子爱上了这个学校,爱上了老师,爱上了美好的学习生活。

家长们纷纷转发朋友圈说:"这是最不像学校的学校。"

小水滴迸射出七色光

安静的小水滴

（2016 年 9 月 5 日）

小兔关门轻轻，
刺猬说话轻轻，
松鼠干活轻轻，
熊奶奶在睡觉。
你听，
四周多安静。

小水滴班正在学习《安静》这首儿歌。老师把"轻轻、安静"这两个词变成了蓝色，一读到这几个字的时候，就读得很轻。小水滴们也跟着读得很轻很轻，很快就认识了这两个词，还体会到了"轻轻"是一种什么状态。

"它们为什么这样'轻轻'？"

"因为——熊奶奶在睡觉！"

"哦——真是一群有礼貌的好孩子！"

"你们知道生活中还有什么地方、什么时候需要安静吗？"

"图书馆！"

"病房！"

"听课时！"

……

记下安静读书的小水滴

孩子们模拟来到这些场景的样子，还一一给对应情境设计表示安静的标志。

第二天，早来的几个同学都在安静地读书，老师把黑板一角的班级评价改为"安静的小水滴"，一一写下他们的名字。在"生活编织"微仪式上对每一个安静读书的小水滴、轻轻进门的小水滴都予以表扬。一上午，小水滴们做什么事都轻手轻脚的。

表彰安静读书的小水滴

中午，老师坐在教室后面的办公桌前小憩一会。13:15是进校时间，那时她已经醒了，只是还没有睁开眼睛。

"砰！"

"我是第一名！"

"我是第一名！"

朦胧中只听亚腾和小昂大声叫嚷着推门而入。不，几乎是破门而入！随即几个小水滴也争抢着一拥而入。

老师刚想睁开眼睛，提醒小水滴们动作轻一点，不要大声喊叫。突然，听到小昂"嘘——"的一声，压低声音说："葛老师在睡觉呢！"于是所有的声音瞬间消失了。

每进来一个小水滴，都会有人说"嘘——葛老师在睡觉"。接下来是蹑手蹑脚坐下的声音。偶尔有一点挪动椅子发出的刺耳声，马上就有"嘘——嘘——"的声音制止。还有人窃窃私语："熊奶奶在睡觉……"随即传来忍俊不禁的偷笑声。于是老师又多闭了一会儿眼，多当了一会儿"熊奶奶"。

当她睁开眼睛，伸个懒腰，佯装刚刚睡醒时，看到小水滴们一个个端坐在桌前一动不动，有的因为椅子没有拉好只坐了一个边边……小眼睛齐刷刷地看着老师欢呼着——"熊奶奶"醒了！

"哈哈……"欢乐的笑声响彻教室。

这才是入学第四天，小水滴们就这么懂事了，爱与善良根植于每一个孩子心底。

于是，"每天清晨进教室安静阅读""不打扰别人"，成为小水滴们的

小水滴们在安静地读书

又一条班规。从此，每天的"生活编织"又出现了许多安静的小水滴。

小水滴懂得了：每天清晨进教室安静阅读；接受别人的物品，要双手接过并说"谢谢"；学会整理自己的物品；不给别人添麻烦，不给自己惹麻烦；在教室说话用一级音量。

在课程与生活的融合中，班级规则也在不断地完善着，这就是孩子们的成长啊！

开笔礼

（2016 年 9 月 20 日）

这天上午，学校操场上，伴随着优雅的古典音乐，一群身着汉服的老师和同学款款走来……他们正在进行隆重的开笔礼仪式课程。

中国是礼仪之邦，崇尚"礼"。古人人生有四大礼，分别为：开笔礼、进阶礼、感恩礼、状元礼。而开笔礼则是中国古人的首次大礼。

"童蒙之学，始于衣冠；先正衣冠，后明事理。"首先，娜娜老师和淑亮老师带领孩子们"正衣冠"。相邻同学互相为对方整理服饰。孩子们明白了，一个人的仪容仪表代表着他的精神面貌。

随后是"朱砂启智"。校长和老师们用毛笔为学生在额头一一点上朱砂，意味着开启智慧、心明眼亮。

点上朱砂的铭玥笑逐颜开，仿佛自己真的变聪明了。小女生们互相评论着谁的红点大、谁的红点小……

隆重的开笔礼

"朱砂启智"

"朱砂启智"包含着老师对学生们美好的祝福。一颗颗鲜红的朱砂不仅点在学生们的额上，也点进学生们的心里。

"击鼓明志"，孩子们一个个排队上前敲击大鼓，大声说出自己的人生愿望。

"我长大要当个相声演员！"家旭说完，使劲敲了好几下鼓。鼓声回荡在校园里，承载着美好的祝愿悠悠地传向远方。

"开笔启蒙"，娜娜老师在纸上做示范，书写了一个大大的"人"字。随后，水滴班的煜祺被老师抱着摹写了一个"人"字。

"人"字的一撇一捺正象征着我们中华民族的精神，人人互帮互助，相互支撑。每一个方块字都代表着方正与坦荡，初为学生，学习写字前先学做人。

学写"人"字

"击鼓明志"

仪式的最后一项，学校领导和老师们给孩子们每人赠送一支毛笔。小小的一支毛笔，寄托着老师们的祝福与期待。这支毛笔象征着学生们正式开启他们的写字之旅，用手中的笔书写自己精彩的人生。

至此，开笔礼成。

孩子们对于学习有了更深刻的参与感和庄重感。

彩色的月亮

（2016 年 9 月 14 日）

今天是中秋节前一天,水滴班的亚腾特别开心地带着奥利奥饼干来到了学校,他可不是要偷吃零食哟!原来,他们这一周都在进行中秋课程,听着故事了解中秋节的传说,唱着歌谣知道中秋节的习俗,读着绘本感受中秋爱的温暖,看着视频跟科学老师学习月相变化……今天,他们要用奥利奥饼干进行"月相秀"的制作。

亚腾和小组同学对照图片认识了不同时间的月相,准备合作完成月相图。扭一扭、咬一咬、舔一舔,瞧,一个个月亮的样子就出现在眼前了,快快摆在地球旁,一幅香甜、有趣的月相图就完成了!一个没舔好,吃掉它,再舔一块……最后再吃掉剩余的饼干。

就这样,在吃吃玩玩中小水滴们了解了月相知识,真是好吃又好玩的课

"我们的月相图吃好了!"

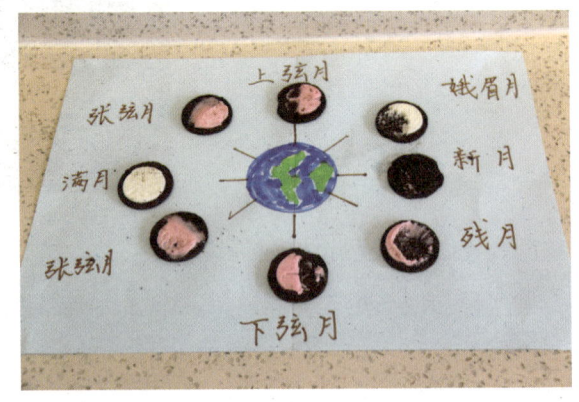

彩色的月亮

程。由于所带奥利奥饼干口味不同,有奶油味的,有草莓味的,有巧克力味的,所以有的小组还出现了彩色的月亮。

这期间,小水滴们互相帮助认识月相、互借饼干,是第一次有意义的合作。最后,亚腾发现了掉在地上的饼干碎末,还主动扫了地。

可爱的小水滴们还舒展着身体演示月亮的圆缺。秉言用手指表现圆月,小昂说"太小啦",随即用双臂拢出一轮圆月。利棣不服气:"我还能做出更大的月亮!"说着,他拉上弋洋,两人双手对接,果然圈起一轮更大的圆月……

开始制作月饼了,馅料、模具、烤箱等工具一应俱全,在余彤妈妈的教授下,孩子们穿上小围裙,带上厨师帽,认真地包着月饼,俨然一副主

"看,我们的月亮多大!"

耐心等待的小水滴

厨的模样。

在制作月饼的过程中，由于模具不够，每个小组只分到一个，小水滴们在家长的指导下重新分工，流水作业。你揉面，他包馅，我来压模、脱模……很快，一个个像模像样的月饼就诞生啦！将月饼交给爸爸妈妈，放进烤箱，耐心等待它们被烤熟。

这份等待更体现在月饼制作之后。守着一盘盘香喷喷刚出炉的月饼，小水滴们没有一个闹着要尝鲜的！有几个小朋友要找一找自己制作的月饼，老师告诉他们不必刻意找自己做的月饼吃。你做的月饼给别的小水滴吃，别的小水滴做的月饼给你吃，孩子们也懂得了分享。

等所有月饼都出炉之后，老师又让小水滴们数一数有多少个，每人能够分到几个。数学的知识自然而然地应用上了。

这时，校长来到小水滴班，孩子们纷纷把新出炉的月饼送给校长吃。校长又给孩子们上了一堂如何与老师分享月饼的礼仪课。小水滴们知道了如何介绍自己，怎样礼貌地赠予他人月饼。很多小水滴争着要去别的班级和老师、同学们分享月饼。

怀着一份感恩之情，孩子们首先将美味的月饼分享给老师、小伙伴，还有门卫、保安叔叔以及打扫卫生的阿姨……

此时，小糖果、小火苗们也来送月饼啦！小水滴们开心地感谢着……

当所有小水滴都坐回教室之后，老师说："今天老师非常感动，你们猜，让老师感动的是什么？"

在老师的引导下，小水滴们有的说，感谢今天教给小水滴做月饼的余彤妈妈；有的感谢在烤箱旁一直忍受烘烤的芳睿爸爸；有的感谢老师……于是，小水滴们面向大水

"校长，您尝尝我做的月饼。"

滴们齐诵《感恩诗》，并将月饼送给大水滴们，让他们先吃。

老师说，让老师感动的还有小水滴们，你们不仅学会了做月饼，还学会了等待、合作、分享……那么，现在，小水滴们终于可以吃自己亲手制作的月饼咯！

一块小小的月饼，承载了合作的友爱、分享的快乐、感恩的幸福、成长的喜悦。

小火箭来送月饼啦！

这就是我们的中秋课程。我们期望，这样的课程能够悄无声息地浸润每一个生命的成长，让教育自然发生。

年年中秋，几度月圆。爱都的孩子们经历着不一样的中秋，不一样的学习……

帐篷里的中秋诗会

(2020 年 9 月 27 日)

临近中秋，秋月朗照。爱都小学的夜晚一天天明亮起来。

这天放学后，操场上支起了一个个帐篷。随着夜色降临，静寂的操场重新热闹起来。孩子们提着自制的玉兔灯笼回到学校，渐渐地，人越聚越多，远远超出了二年级的师生、家长人数。原来，听说他们即将举行"诗会中秋月更圆"帐篷赏月活动，他们的兄弟姐妹甚至邻居都来了！大约 500 多人齐聚操场。

操场上的帐篷诗会

在皎洁的月光下，在大家热切的期盼中，三个班的孩子们在悦悦老师专业的古筝伴奏下，与李白、李商隐、王维等诗人隔空对话，对月吟诵，望月高歌。

在吟诵中，热爱书法的学生挥毫泼墨，书写中秋祝福语。他们的作品或行如流水，一气呵成；或一笔一画，一丝不苟。

诗会上还安排了亲子诵读，女家长的亲子舞蹈、男家长的亲子歌曲；六组家庭声情并茂地朗诵诗歌，有的还是原创呢！

美妙的声音穿透夜幕，操场上掌声一阵接着一阵。

随着诗会接近尾声，孩子们和父母、兄弟姐妹在皎洁的月光下，在装扮一新的帐篷里赏月、吃月饼、做游戏。

爱就是陪伴。在这个象征着团圆的中国传统节日里，陪伴就是最长情的告白。

中秋课程得到了二年级全体家长的全力支持，本来预计每个家庭会来三口人，没想到来的最少的是一家三口，最多的是一家八口，有的把自己邻居家的学姐、学哥也带来了！

每班在统计帐篷的时候，有的家长说："老师，我家没有，我可以去买一个。"有的家长说："老师，定好时间了吗？我提前请假来。"还有的家长说："老师，你们搞个海选吧，挑出质量高的家长节目。"

从支帐篷开始，家长们就很激动，不停地拍照发朋友圈，拍了好几个小时！课程结束后，孩子们写出了自己过中秋节的感受《赴一场古色古香的中秋诗会》。

家长赞叹道："中秋课程带给孩子一场不可或缺的成长体验！"

现场挥毫泼墨

同样是古诗吟诵，可以在教室，可以在礼堂，但是我们将它搬到了操场上，而且是夜晚的操场，这就给了孩子一种氛围、一种仪式感。帐篷赏月、操场诗会，让孩子们感受到今天的吟诵和其他日子里的吟诵不同，今天的赏月和其他时刻的赏月不同。

对月吟诵，望月高歌

中秋·童年·探月

（2020年9月29日）

这天，在小火箭教室，只见小黄同学把废旧的报纸紧紧地揉捏成一个团；小锴同学用颜料笔把揉好的纸团涂成红色。由于太激动，他把颜料都涂在了手上，小手顿时变成了红色，看着自己红彤彤的小手，小锴却咧开嘴笑了。再看，可不止他们两个，全班到处是手拿报纸团成球的小火箭，连女生也不例外！

他们可不是在恶作剧，而是在制作月球、地球等行星模型。

"看，我的球多圆！"

火箭班的孩子们一听到要制作月球、地球等行星模型的消息，马上你一言我一语地与小组内其他同学商讨起来。

"福斌带水彩颜料！"

"铭轩带报纸！"

"我上网搜索有关月球的知识，看看月球表面应该是什么样子！"

……

到了中秋课程日这天，孩子们纷纷带来材料，开始制作模型。

每个小组都全神贯注地创作着。他们分工合作，和谐有序。泽宇为了让月球更圆一点，团一层就坐在上面使劲压一压；雅轩在画七大洲、四大洋时，为了保证科学性、严谨性，拿来一个地球仪仔细比对。每做好一个模型，孩子们都兴致勃勃地展示给老师看，叽叽喳喳地讲解着："这是太平洋……""这是喜马拉雅山……"

历经一天，五年级六个班的所有同学终于做好了地球、太阳、月亮以及其他大大小小的行星模型，兴奋地把模型放在展示区内。每逢课间，同学们都会到展示区看看自己做的模型，自豪地向伙伴们介绍……

今年是五年级孩子们在爱都度过的第五个中秋节了，他们以"你好，月亮"为主题，开启对月亮的整体认知，并深入了解。

首先，由孩子自己分小组阅读相关的文章，并搜集相关资料，交流对月亮的了解，从科学、文化、日常生活等不同维度展开讨论，有的还带来图片、做成课件给大家讲述。

接下来，老师带领孩子们阅读有关月亮的文学作品，从古诗词、小古文到现代文学作品。孩子们声情并茂地朗诵，细细地品味，看到一个个不一样的月亮……

了解了中国文化中的月亮，"外国的月亮"又是怎样的呢？在"中西方诗歌中的月亮"探究活动中，孩子们又了解了中外月亮文化的差异和不同节日文化的内涵，学习有关月亮和中秋节的英语单词。这一活动让孩子们开拓了国际视野。

不仅如此，美术老师还带着孩子们一起欣赏西方有关月亮的作品——梵高的著名画作

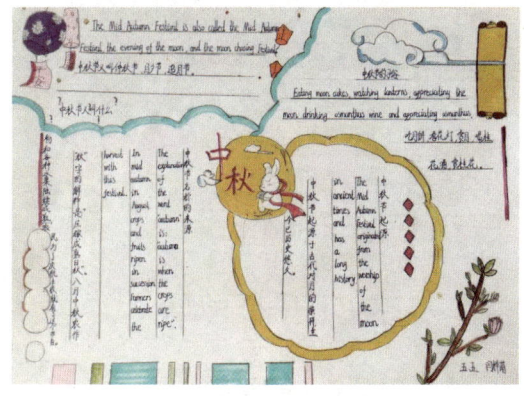

"外国的月亮"又是怎样的呢？

032 遇见最美的四季——新童年教育纪实

绘制背景图

孩子眼中的月亮

《星月夜》等。

最后，孩子们运用在科学课上学到的知识，动手制作了月球、地球和太阳的模型，并模拟它们运行的轨迹，在实践中加深对星球的了解。

通过一系列的课程学习，孩子们不仅了解了月亮，更了解了中国传统节日的习俗，接受了中西文化的熏陶，还培养了审美情趣，增强了搜集、整理资料的能力。

这时，孩子们再根据同学交流、分享的知识和自己搜集的材料，进行整理、分析，仿照课文《太阳》写了一篇关于月亮的说明文，在实践中明确说明文应该如何写作。

"小时不识月，呼作白玉盘"，童年的月亮承载着孩子们月下捉迷藏、逮蛐蛐的美好回忆。现在，带着对月亮全方位的认识，孩子们会如何描写月亮呢？

幽矣同学通过这次课程更加深入地了解了月球，她在作文中十分专业地写道：

由于月球上没有大气，再加上月面物质的热容量和导率很低，因此月球表面昼夜的温差大。白天，月球表面在阳光垂直照射的地方温度高达127℃；而到了夜晚，其表面温度可降低到 −183℃。从月震波的传播，我了解到月球也有壳幔、核等分层结构，最外层的月壳平均厚度约为60—64.7千米。

司校同学则用诗一样的语言表达了对月亮的喜爱：

我爱月亮，爱她的纯洁，爱她的永恒，爱她的神秘。

很多同学还发出了"保护好月球"的倡议……

这个中秋，不一样的月亮将是孩子们最美好的童年记忆！

叶子先生变形记

（2016年9月22日 秋分）

刚开学，恰逢绚丽多彩的秋天。秋风四起，落叶飞舞。小水滴们、小糖果们、小鲤鱼们纷纷走出教室在校园里捡拾落叶。以往他们只会"拔老根"，一个个使出吃奶的劲，可眼里全然没有美好的秋光。

我们的秋天课程就这样应时而生。

首先从文本出发，读秋天的诗、秋天的文；继而走向多学科融合，欣赏秋天的图画，学唱秋天的歌曲。孩子们自制头饰，演唱《蔬菜进行曲》，为蔬菜代言；他们打着节奏，朗读诗歌《落叶》，然后去观察树叶的颜色、形状，用画笔描绘出一幅幅秋叶图……

读了绘本故事《落叶跳舞》，义鑫用手摸着绘本上的叶子说："这个叶子是画上去的。"

"不对！这个叶子是印上去的。"芳睿反驳道。

"对，我看也是印上去的。然后再画的手啊，脚啊，叶子就开始跳舞啦！"

叶子先生变成了面具

给叶子涂上喜欢的颜色

子越这样认为。

徐诺说:"我也想用树叶印画,让树叶来跳舞。"

为了满足孩子们的好奇心和求知欲,树叶拓印画活动开启了。

孩子们先给捡来的各种各样的叶子刷上颜料,然后将刷了颜料的叶子印在纸上,压一压,树叶的形状甚至叶脉都清晰地印在纸上了。

孩子们用拓印的方法将不同形状的树叶一片片印下来。有的将大小树叶组合成一幅画,有的给一片树叶刷了好几种颜色,有的还给叶子先生添画手、脚、嘴巴、眼睛……叶子先生好像真的在快乐地跳舞呢!

"我喜欢绿色,你呢?"

拓出清晰的叶脉

秋天的树叶从颜色、大小到形状,都带给孩子们无限的遐想,也激发起孩子们的创作欲。那就来一场"树叶DIY"活动吧!有的孩子根据树叶的形状,为它们涂上不同的色彩,创作了形态各异的作品。有的孩子用树叶做了诗配画,进行诗意的创作,在不同的诗词意境中感受"秋"的丰富。更有孩子把南瓜

多姿多彩的叶子先生

孩子们的叶画

子涂上颜色,将小手掌印在纸上做树干,用"点"来表现树叶颜色的变化之美。或大或小、或疏或密的"南瓜子",搭配上邻近色、对比色,一棵棵亮丽的秋树便跃然纸上。孩子们用自己的心灵去体验,用自己的方式去表达,用童心为秋天涂抹属于自己的色彩。

他们展开想象:"一片叶子可以是……"然后创作自己的诗歌和叶画故事。子涵用树叶创编了《叶子先生变形记》,小伙伴们可喜欢读了!

戏剧课上,小蜜瓜们随着理查德·克莱德曼的钢琴曲《落叶》翩翩起舞,用灵活的身体展现秋天的景色。

我和叶子的故事

独一无二的自己

（2016年9月26日）

在捡拾落叶的过程中，水滴班的老师问小水滴们："你们谁能找到两片完全相同的叶子？"

"太简单啦！"

孩子们争先恐后地拿起两片树叶，说它们是一样的。

"这两片叶子颜色不一样哦！"

"这两片叶子叶脉不一样哦！"

"你看，重叠起来，下面的叶子明显大一圈哦！"

"这个叶尖向左，那个叶尖向右！"

老师从形状、颜色、叶脉等方面总能找出不同的地方。

万耕不甘心，继续寻找，一片片比对，还用尺子测量……

最终，他们终于承认，根本没有两片完全相同的树叶，每一片树叶都是独一无二的！

"这两片叶子是一模一样的吗？"

用尺子量一量是不是一样大

是啊，每一片树叶都是绝无仅有的，每一个孩子也是独一无二的！每片叶子都有自己的样子，每个人也都有自己的闪光点。于是孩子们开始画自画像，向大家展现独特的自己。

我的自画像

一片叶子落下来

（2016年9月29日）

随着课程的不断深入，孩子们运用多种感官感知了叶子的特征，探索了叶子的秘密，设计了叶子的创意造型……孩子们在大自然中收获了知识和快乐。

不仅如此，孩子们也开始研究问题了。大自然原本就有足以让孩子陶醉的魅力，秋天又是成熟和收获的季节，也是丰富多彩的季节，大自然中到处都有能让孩子悠游其中，快乐探索、学习的素材。

午后，几个孩子在校园里散步，发现地上有许多落叶。他们捡起叶子，对着太阳看叶子的脉络，把银杏叶当成扇子，追逐着给小伙伴扇风。有的拾起一捧树叶，抛向天空。看似十分平常的叶子，孩子们却玩得不亦乐乎。

爱钻研的诗皓问道："老师，为什么有的树叶变黄了，有的树叶落下来了，有的树叶还绿绿的？"煜祺说："为什么叶子的大小、形状、颜色、纹路都不一样呢？"

寻找树叶

"我发现的奇妙叶子。"

追随着孩子们的兴趣点,我们和叶子的故事就开始了。

带着"叶子为什么会落下来"的问题,他们化身小精灵来到小区、公园、路边,探索叶子的秘密。

科学课上,孩子们都很兴奋,迫不及待地来到校园和小伙伴分享自己调查的叶子。瞧,小朋友们带着调查表来了,他们还将收集来的叶子布置成"叶子展览馆"呢!

老师带领大家看树叶为什么会变黄的视频,孩子们畅所欲言,又提出了许多问题,并通过查阅书籍资料、上网搜索等方式找到了答案。

但是新的问题也随之出现:满地的落

晒晒我们的叶子

探索叶子的秘密

叶怎么处理呢?

"用笤帚扫掉!"

"可以收集起来烧掉!"

……

奥博说:"老师,我们学过的歌里唱过,可以把它们送到大树妈妈的脚下。"奥博的提议得到了孩子们的赞同,他们一致决定让落叶回到妈妈身边去保护大树妈妈。

在课程即将结束的时候,老师和孩子们一起阅读了绘本《一片叶子落下来》。这是一片名叫"弗雷迪"的叶子从一个嫩芽,历经四季,最终飘零的故事。孩子们在故事中明白了生命的意义。

一起去采秋

（2016年10月23日 霜降）

在校园里欣赏美好的秋光还不足以满足孩子们对秋天的好奇心。周末，霜降。在家长和老师的陪伴下，他们走出校园，去爬山，去"采秋"，去感受"霜叶红于二月花"，去拥抱更加多彩的秋天。

"快来看，这里有个小虫子！"

水滴班、糖果班、鲤鱼班不约而同地选中了学校附近的小山丁家峪。远远地，满山的红叶以及叠翠流金的画面就让孩子们一下子感受到什么是层林尽染。

开始爬山啦！大手拉小手，小手拉小手，不让一个小伙伴掉队。孩子们一边爬山一边找寻着什么——原来他们正在寻找自己最喜欢的树叶。

"我要把它们带回家，制作漂亮的树叶剪贴画！"

他们三个一伙，五个一群，蹲在地上仔细观察小昆虫的行踪。

半山腰恰有一大片芦苇，孩子们兴奋地跑过去，子越边跑边大声赞叹："真的好像雪花啊，就跟小古文中写的一样，好美啊！"

"水滨多芦荻。秋日开花，一片白色，西风吹来，花飞如雪。"刚刚学过的小古文《芦花》脱口而出，满山回荡着优美的童声，家长也不由得和孩子们一起吟诵起来。

诗中的文字就这样自然地转化为活泼的生活。

"研学单"人手一份，早已下发，孩子们照着上面列出的项目，在山野中观察、体验，发现秋天的色彩、秋天的果实，加深对秋天的热爱与理解。回到课堂之后，孩子们再进行写绘讲述。

一起吟诵《芦花》

课程与孩子们的生活关联在一起，自然而和谐。不需要更多语言去讲解，如雪的芦花装扮了孩子们的眼睛；不需要更多音符去诠释，鸟语虫鸣成了完美的教学环境；不需要更多色彩去调动，漫山的红叶、飘香的瓜果就是现成的教材。从发现到融入，再到沉浸，学生们和秋天融为一体……

爸爸妈妈们也重回童年，跟孩子们一起"拔老根"、亲子跑、丢手绢……玩得不亦乐乎，享受这难得的亲子时光。

我和叔叔"拔老根"

有秋天味道的沙包

（2017 年 11 月 17 日）

这天下午，所有二年级的教室里空无一人。有的孩子在家长、老师的带领下，在操场上玩着丢沙包、夹沙包跳房子等游戏。一个个热血沸腾，不亦乐乎。有的孩子则在教学楼走廊里摘下一片片"树叶"、一个个"苹果""桃子"，跑到老师身边念念有词。一旁桌上放着的橘子、花生、山楂等秋天的果实，耐心地等着它的小主人……原来这是小蜜瓜们在进行秋天主题课程的闯关活动。

夹着沙包跳房子

"春种一粒粟，秋收万颗子。"在这样一个收获的季节，爱都小学二年级的小蜜瓜开启了秋天课程之旅。

与以往不同，这次的秋天课程由数学老师开启。怎样把秋天的特色凝聚在一起呢？珊珊老师跟孩子们决定做一个"有秋天味道的沙包"，留下对秋天满满的记忆。

一个沙包如何拥有秋天的味道呢？

别急，别急！

小蜜瓜们和老师一起慢慢研究——

做一个沙包首先需要布，这布上要有秋天的味道。怎么做才有秋天的味道呢？

"画上秋天的图画！"

"染上秋天的颜色！"

……

填充物自然离不开各种秋天丰收的果实，谷类、豆类等，还有落叶。小蜜瓜们想把整个秋天都装在自己的沙包里呢！

看，秋天的味道是不是越来越浓了？小蜜瓜们已经迫不及待，跃跃欲试了。

做沙包是一个从平面到立体的过程，二年级的孩子能做到吗？珊珊老师请孩子们观看沙包、足球等立体图形，让他们认识到立体图形是由平面图形围成的，制作沙包是从立体到平面再到立体的一个思维的过程。

秋天的果实好诱人啊！

拓印出秋天味道的布面

那么先从平面图形开始吧！数学课上，孩子们探索如何在树叶上画一个尽可能大的正方形或长方形，体会了统筹优化的数学思想；整合了测量、画直角、认识长方形和正方形的特征等知识点。在树叶上画图形，架起了数学与秋天、数学与生活的桥梁。

剪下的"数叶"可不能浪费哦！"我们把剪下的图形拼成一幅画吧！"很快，一幅幅美丽的"数叶"画诞生了。这是数学与美学的智慧结晶。

了解了图形，接下来最重要的是决定设计一个什么形状的沙包。做正方体的沙包，需要将布裁剪成六个正方形。那么做球形的沙包呢？还有的小蜜瓜想做三角形的呢！

那么，动手裁裁看吧！

语文老师也加入了。她们带领小蜜瓜们从古诗中欣赏"停车坐爱枫林晚，霜叶红于二月花"的美景，去寻找"一年好景君须记，正是橙黄橘绿时"的绚丽，体会秋天叠翠流金、层林尽染的美景。小蜜瓜们从"橙黄橘绿"中了解到秋天丰收的喜悦，知道橙子、橘子熟了，还有苹果、梨等其他果实也成熟了；同时了解到不同果实的缤纷色彩，除了"橙黄、橘绿"，还有"桃红、柳绿""玫瑰红、葡萄紫"……

了解到古人从植物中提取色彩的方法，那么，做沙包的布就可以利用植物本身的自然色彩来染色了。这不就是秋天的色彩吗？

于是，美术课上，小蜜瓜们拿来各种颜色的树叶、果皮，放在布的下面，敲拓出秋天的颜色。有的孩子在树叶的背面涂上颜料，印在布上，记录下斑驳的叶脉，做成另一种风格的树叶画。这样，孩子们自己印染的布就有了浓浓的秋天味道！

一块块染好的布就是一幅幅水彩画，记录着秋的印记，见证着大自然的神奇。孩子们都舍不得剪开做沙包了！鲤鱼班直接将它拿来做了门帘。

孩子们在老师和家长的指导下，飞针走线，亲手缝制沙包。虽然针法有些笨拙，针脚有些歪斜，外观有些扭捏，但这是孩子们的处女作啊！

最后，填充进大米、绿豆、红小豆等秋天的果实，一个个充满秋天味道的沙包就完工啦！

感受着无限秋色，如何留住它呢？全年级192个孩子，以班级为单位，依次把自己眼中的秋天画在一幅长卷画布上。画布上有丰硕的果实，有舞动的落叶，有诗情画意，有秋天的故事……

老师们把这幅秋天的图画当作

拓印出斑驳的叶脉

背景，在叶子和果实形状的卡片上设计了语文、数学的闯关题目，让小蜜瓜们在秋天的长卷画布上摘取"叶子"和"果实"，说出秋天的词语、诗句以及出发口诀等，进行知识闯关。过了知识关，小蜜瓜们就可以拿着自己亲手制作的沙包，进行沙包游戏闯关了。过关奖品就是秋天的果实。

飞针走线，缝制沙包

看，拿到胜利的果实，孩子们多开心啊！

孩子们全身心地融入美丽的秋天中，展示整个秋天的收获与成长，品尝"丰收"的果实，体验成功的喜悦。

我们收获的，不仅是诗歌艺术、数学思考、文明教养，还有甜蜜的亲子时光、友爱的同伴关系、凝聚的班级力量。

有秋天味道的沙包

我们收获的，是孩子亲身去体验的幸福的成长。

这样一个金秋时节，因为这一场"秋天的知识盛宴"而更有秋天的味道……

与此同时，一年级的孩子们也在品尝秋天的味道。

有秋天味道的沙包

孩子们把秋天的"果园"带进教室，如何才能吃到各种各样香甜可口的水果，品尝不同口味的果汁呢？当然要付出劳动才能有收获！每个小组合作拼制果盘，起名字，讲出果盘的含义；榨好的鲜果汁，要先闭上眼睛闻一闻、猜一猜是什么水果制成的；比较

摘一个果实，开始秋天味道的闯关

刚榨好的果汁和放了20分钟的果汁在颜色上、口感上有什么不同；等等。虽然任务多多，但孩子们乐此不疲，在一次次既有挑战又有希望的学习活动中，互帮互学，铆足了劲要收获舌尖上的秋天。"秋天不光是彩色的，还是香甜的呀！我喜欢这个'有味道的秋天'！"小何同学一边说，一边吃着她们小组刚刚收获的那一篮水果。

品尝了秋天的味道，她们也开始探究更多秋天的秘密。

秋天的魔法

（2017 年 11 月 13 日）

这一天，迎接孩子们的是一段神奇的科学之旅。他们先动手用 pH 试纸测试水果的酸碱性；再通过色卡比对，感受颜色变化与酸碱性的关系；最后得出结论——多数水果是酸性的。

随后，他们又兴致勃勃地制作水果电池。随着老师深入浅出的解说和体验神奇的实验效果，孩子们进入了美妙的科学殿堂，沉浸在"秋天的魔法"中，提出了更多渴望进一步探索的问题。

"水果能发电，那么蔬菜呢？"

"还有什么东西能发电？"

孩子们探索大自然的兴趣被激发了出来。整个探究过程，没有分科学习哪种知识的目标，孩子们却掌握了数学中的大于号、小于号的知识。孩子们学会了看实验报告，在真实情景中识字，体验科学的实验方法……

用 pH 试纸测试水果的酸碱性

体验水果发电

教室里的"玉米场"

(2017 年 11 月 15 日)

这一天,彩虹班的熹梓推开教室门,发现玉米皮铺满整个教室,满屋飘着玉米的清香,教室变身"玉米场"啦!几个小彩虹躺在上面聊天,好不惬意啊!

等小彩虹到齐,孩子们在老师、家长的指导下用玉米皮编出一条条长绳,又盘成大大小小的垫子——小的可以当杯垫,大的可以当坐垫。盘子大小的垫子放上装饰品,就是一件精美的挂饰。

孩子们三五成群,坐在地板上,你拉我编,编出一条条玉米辫儿,比着谁的更长,体会着合作的快乐、收获的喜悦。

作品完成时,彩虹爸妈正好煮熟了玉米,孩子们坐在刚刚编好的玉米坐垫上吃着香喷喷的玉米,欣赏着自己的作品。

教室里的"玉米场"

用玉米皮编的茶杯垫

熹梓开心地说:"哇,秋天真的太美好啦!"

在孩子们的世界里,秋天已经从课本里走出来,融入他们的生活里。

天气渐冷,秋天终究是要过去了,孩子们又迎来了秋天的盛会,以此向秋天告别。

我就是秋天

（2017年11月17日）

这是他们最嗨的一天！孩子们有的用芹菜做裙子，有的头顶柚子帽，还有的身上挂满红辣椒……把自己装扮成各种水果、蔬菜、谷物，共赴"秋日秀场"。

他们在"水果大王""蔬菜专家""谷物先生"的带领下，融入自己的角色，怀揣着对秋天的向往，舞动身体，齐庆丰收……

秋天的盛会接近尾声。主持人小雪老师缓缓走向会场，问孩子们："这个秋天你们开心吗？"

"当然开心啦！"

"我的小裙子是菜叶

全身披挂，装扮秋天

"秋之韵"庆典

子做的,特别好看,我很开心!"

"我昨天用玉米皮做了小垫子,还吃了玉米,太开心啦!"

"我很开心,因为我第一次用苹果来发电,还喝了果汁!"

"秋之韵"庆典

孩子们七嘴八舌,纷纷抢着说道。

"那秋天就要结束了,我们和秋天说声再见吧!"

小雪老师还没说完,有的孩子就流泪了,眼神中满是失落。别说孩子们,就连老师们也对这个秋天充满了感情,恋恋不舍——因为这个秋天,有属于她们和孩子们的独特记忆。

结束仪式之后,小涵依然泪光闪闪,问老师:"我以后还能见到秋天吗?"

"当然可以啦!明年你还能看到一个一样但又不一样的秋天!"

这个秋天,孩子们在与同学相处的过程中体会着互帮互助的美好,在大

穿着亲手绘制的秋日T恤迎接秋天

自然中感受着生活的美妙。

他们说："黄叶飘飘是秋天，苹果圆圆是秋天，枫叶红红是秋天。"

他们说："只有捡起落叶，才算打开秋天。"

……

又是一个秋天，四个年级的孩子又开始了一段美妙的"探秋"之旅。他们把课堂搬到了操场上、果园里、田野中。"大雁南飞""五颜六色""微风阵阵"这些词不再是停留在课文中的一串串字符，而是秋天里一个个有趣的故事、一句句充满童趣的诗句和无数个可爱的小问号。

每一年，每个年级都在秋天经历着同一主题的"秋天课程"，虽是相同主题，但是在内容上又有着各自的微创新。三年级在一、二年级课程的学习基础上，继续开展自然笔记课程，观察和记录秋天的发现。四年级聚焦节气，通过节气诗词吟诵、节气知识讲解、节气文学赏析来深入学习秋天的节气文化。小蜜瓜们每一年都会在爱都经历一个不一样的秋天。

花儿与中国

——赴一场与菊花的约会

（2020 年 10 月 29 日）

"我们的菊花茶有三大特点：味道好、色泽美、功效全。快来尝尝吧！"

"我们的菊花茶可以随意搭配食材，玫瑰菊花茶可以养颜，决明子菊花茶可以去火，枸杞菊花茶可以养生，柠檬菊花茶、无花果菊花茶可以减肥哦！"

"这是我做的菊花果冻，是用白凉粉和菊花茶做成的，口感 Q 弹爽滑，传说吃了它就会留下秋天的气息……"

"快来尝尝我的菊花糕……"

你没有走进美食城，你只是走进了爱都小学小糖果班。他们在菊花课程之后制作出一道道美味的菊花美食，正在与老师同学们分享呢！

在过去的 25 天里，围绕秋天的代表花卉菊花，小糖果们跟随美术老师品鉴了画家笔下菊花的娇艳雅致，又徜徉花间欣赏菊花的各种姿态，并用手中的画笔通过国画、油画等形式展现出来。他们还了解了菊花的生长习性，通过连续、细致地观察菊花，记录菊花生长、开花的过程，了解菊花一个周期的变化，撰写一篇篇观察日记。

小糖果们在古诗中了解菊花，与诗人对话：在陶渊明的诗中感受归隐的宁静；在元稹的诗中感受菊花傲立秋霜的

分享菊花美食

气节；在郑谷的诗中感受菊花的清香……

"春兰兮秋菊，长无绝兮终古。""朝饮木兰之坠露兮，夕餐秋菊之落英。"菊花那独自在清冷秋天绽放、不与春日百花为伍的高洁姿态深深吸引了屈原，屈原在菊花身上看到了自己"遗世独立、不染尘埃"的影子。

菊花日记

"待到秋来九月八，我花开后百花杀。冲天香阵透长安，满城尽带黄金甲。"在黄巢的诗里，菊花却有了几分肃杀的气息。

李商隐的诗句"已悲节物同寒雁，忍委芳心与暮蝉"中，野菊蕴藏着诗人郁郁寡欢的悲情，菊花也有离愁别绪的意蕴。

孩子们在古诗中了解菊花，与诗人对话，赏析了文人眼中菊花的高洁隐逸，品味到了文人笔下不同的菊花意象。

有了对菊花的这些了解，孩子们继续观其形、尝其味、知其用、品其志、状其物，写下一篇篇有关菊花的科学小品文。

他们还研究了菊花在服饰中的文化，创作了一件件"服饰中的菊花"作品呢！

小糖果教室浸润在浓厚的菊花课程氛围中。教室里装点着各色的菊花；墙壁上展示孩子们创作的菊花衍纸画、国画、立体手工画；教室后面的展示柜上，摆放着孩子们制作的菊花服饰纹样、菊花饰品；就连教室外面的走廊上，呈现的都是孩子们的菊花日记、菊花研究报告和思维导图。每一个小糖果课程学习的过程与轨迹都呈现在眼前。

在这个集观察、动手制作、小课题研究、古诗文诵读以及文人画鉴赏于一体的"菊花课程"中，孩子们与自然、与生活、与博大精深的中华文化产

品诗中之菊

服饰中的菊花

菊花研究思维导图

生了实实在在的连接。

在整个课程的实施过程中，可爱的孩子们是兴奋、激动的，他们争先恐后地主动研究自己的小课题。

薛琦因为菊花而结识了《红楼梦》："学习菊花课程，我发现了《红楼梦》中的菊花，曹雪芹前后写下12首关于菊花的诗，记录了从早菊到菊花开败的完整过程，充分表明了贾府的兴衰……"自此之后，这本书便成了她的心头大爱，课间都可以看到她在细细研读。

在参观了趵突泉公园的菊花展后，左佩琪发自内心地说道："我们一起去欣赏趵突泉公园菊花展那天，天气非常寒冷，我们穿着厚厚的外套都直打哆嗦，更别说这些瘦小的菊花了。它们在寒风中傲然绽放，这种精神真的值得我们学习。"现实中，她也真的在默默向菊花学习，让自己更加坚强。

喜欢品尝美食的张亦弛，被菊花的食用价值深深地吸引住了："不仅菊花的精神品质值得我们学习，它的营养和美味也令我们受益。我最喜欢纾瑶做的菊花果冻了。"

好学的栾觅"小博士"更是乐于研究："我在菊花课程中了解到了菊花的

观赏价值、药用价值。"

……

孩子们赏花、咏花、赞花、论花……

花，根植于中国文化之中，象征着人类的许多精神。人品与花格相互渗透。

五年级的同学们已经是即将和童年说再见的少年了，他们在不同的季节，领略不同花儿的生长历程，研究花儿的文化，与自然、与生活、与中华文化连接。

愿我们的少年如花儿一般，绽放出属于自己的精彩！

分享研究成果

冬，四时尽也。
正是万物休养的时节，
万物蓄积力量，等待春天再次萌芽、生发。
孩子们踏雪寻梅，
跟着雪花看世界，
也迎来了他们的百日庆典。

爱都之冬
蕴藏季

秋收冬藏

（2019年11月8日）

"寒来则暑往，暑往则寒来，寒暑相推，而成岁焉。"

冬，四时尽也。冬季正是万物休养的时节，万物蓄积力量，等待春天再次萌芽、生发。

孩子们在"秋收冬藏"主题课程中学习、了解各类农作物，辨别五谷、品尝杂粮，在青葵园里采摘……不仅体验了劳动的乐趣，还感受到大自然的神奇与美好，并从中学会珍惜与感恩。

一夜入冬，老师们带着孩子们学习冬日节气的气候变化、物候特征、传统饮食，吟诵"秋风吹尽旧庭柯，黄叶丹枫客里过。一点禅灯半轮月，今宵寒较昨宵多"的冬日诗词。"寒来暑往，秋收冬藏。闰余成岁，律吕调阳。云腾致雨，露结为霜。"孩子们理解了"秋收冬藏"的寓意和文化寄托。

节气课程

在青葵园里采摘

跟着雪花看世界

（2020 年 11 月 7 日）

寒冷的冬天，除了傲骨的梅花，还有什么花值得一看呢？对于孩子们来说，最期待的莫过于雪花了。

瞧，西伯利亚的风，

吹来了漫天飞舞的雪花，

看这北国"爱都"的冬。

看，明涵同学的手绘地图！

在研究了中国不同地域的雪的差异后，小蜜瓜们准备绘制一份全国降雪情况的地图。大家都提议让研究投入而有绘画天赋的小鲤鱼明涵来绘制一份最大的地图，贴在他们的大厅里。明涵平心静气，先勾勒出轮廓，又结合同学们绘制的中国下雪路线图，细致分析不同区域内降雪量分布，进行各省份的划分。最终明涵不负众望，连夜完成了这份手绘之作，惊艳了所有路过的老师、同学。这是一份精美的手绘地图，这是一份有爱、有思想、有内涵的地图。虽然地图看上去还不是非常完美，但是每一笔都是同学们动脑、动手、动笔后的艺术杰作。

这就是爱都小学五年级的小蜜瓜们开启的"跟着雪花看世界"的旅程。让我们跟随孩子们的脚步，来一场美妙的冰雪之旅吧！

"雪窝子"不在东北

中国幅员辽阔，从南到北横跨热带到北寒带。放眼全国，"雪窝子"在哪里呢？这大概要在东北和西北之间选一选了。

兆轩不假思索地说:"冬天东北地区最冷,'雪窝子'肯定在东北!"

禹诺极力反驳说:"那不一定,我哥哥在威海上学,他说那里的雪下得好厚好厚呢!"

大家带着这个问题开始了自己的探究,有的查阅书籍,有的上网搜索……就这样,小蜜瓜们探究了中国降雪量大的城市以及不下雪的城市,从而绘制了中国下雪路线图。兆轩同学绘制了中国下雪路线图之后,跑过来对老师说:"老师,原来'雪窝子'真的在我们山东威海啊。我还知道了是因为威海地处山东半岛北部地区的东端,北、东、南三面濒临黄海,它独特的地理位置极易产生冷流降雪。"

雪有上百种形状

雪是冬天最浪漫的传奇,雪是童年最纯真的色彩。于是,雪成了走近我们的朋友,也给孩子们带来了一堂生动的赏雪课。赏雪、玩雪可是他们最期待的事情。小蜜瓜们仔细地观察着每一片雪花的造型和细节,还创造性地用几何图形画了雪花呢!一片片雪花就像一个个小精灵,跳跃在孩子们的笔下,让沉寂的冬天里充满了雪趣……

通过观察和研究,我们知道雪花除了六角形这一标准形状外,雪花的形态还有柱状晶体、针状晶体、不规则晶体等多个大类和若干分支。

子蠡同学不禁感叹道:"大自然真是太神奇了,雪花竟然有上百种形状。尽管雪花的基

雨雪的形成

本形状是六角形，却几乎找不出两朵完全相同的雪花。"

"就像我们在一年级找树叶一样，没有两片完全相同的树叶！"

雪花与世界地理

一到冬天，屡屡南下的西伯利亚寒流就像个大怪兽，它所到之处，气温骤降，天寒地冻。通过"雪与气象"的学习，孩子们知道了西伯利亚冷空气是导致下雪的关键因素。西伯利亚冷空气对中国有什么影响呢？于是，小蜜瓜们探究起了世界气候、地形与雪的关系，并由此开始探究此时其他国家正在经历的季节和天气。

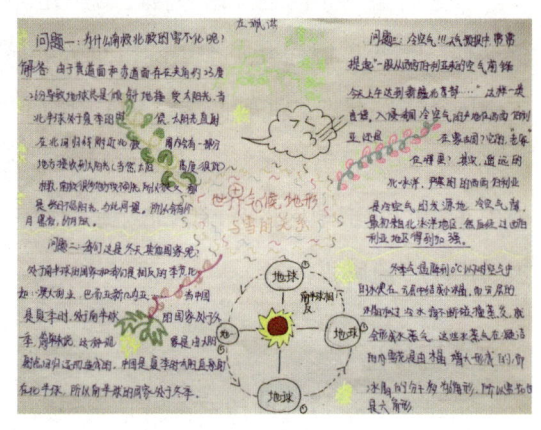

世界气候、地形与雪的关系

雪花与生活

"北方的雪比南方的雪轻。这主要是因为北方干雪的含水量比南方湿雪的含水量低，雪比较松散，南方含水多、相对紧实的雪比北方的自然要重些。"浩轩同学在课间和小伙伴们兴奋地谈论着。

于是，小蜜瓜们如火如荼地展开"雪的重量"的研究。原来，我们肉眼看到的单个雪花，一般直径都在 0.5—4.5 毫米。其实，雪花还是比较沉重的，一大碗雪花大约有一枚鸡蛋那么重。积雪厚度超过 10 厘米，就会对房顶、树枝产生很大的压力。

小蜜瓜们还充分调动原有知识与生活经验，总结出了下雪会给人们生产、生活带来的好处与坏处。

"新降的雪疏松多孔，能够贮存大量空气，有防冻保暖的作用。"

"融化后的雪水中，重水的含量较少，有利于促进生物生长发育。"

"雪水中含有较多的氮化物，比雨水中的氮化物多五倍。雪就是这样用自己的'生命'肥沃着土地、养育着庄稼，为人类造福的。"

"雪还有很大的危害呢！之前我们研究雪的重量，得知雪压住植物，容易使植物受伤或死亡；大雪还可以压坏房屋，造成人员或家畜伤亡。"

学生们的思维火花互相碰撞，获得了更丰富的知识，对雪的认识也更加全面、清晰。

于是，小蜜瓜们围绕"冰雪天气校园活动安全"开展了小研究。

"雪的好处和坏处"研究手抄报

"如何预防雪灾"宣传册

雪花与文学

"忽如一夜春风来，千树万树梨花开。"

"孤舟蓑笠翁，独钓寒江雪。"

"白雪却嫌春色晚，故穿庭树作飞花。"

……

一张张仰起的小脸，写满对雪花的期待，毫不掩饰对冬天的喜爱。借由这动人的白雪,孩子们用朗诵抒发对雪的热爱。在古诗中,孩子们也了解到,诗人赋予雪花的别称、雅号富有诗情画意。但是,相同的雪,因为作诗的人不同,孩子们从诗中感受到的情景与意趣也不同。

北国风光,千里冰封,万里雪飘。同学们的说明文语言风格多样,说明方法准确得当,有的生动活泼、有的平实清新,每一个字都像一个雪精灵跃然纸上。孩子们从雪的形成、雪的形状、南北方雪的差异、雪的作用等方面,准确、清楚地介绍雪花,诉说着对雪花、雪景的喜爱。

雪落无声,成长有痕

雪花课程给孩子们留下了纯洁的记忆。

老师和孩子们一起在绵软的雪地里,踩上一行可爱的脚印,留下一串欢声笑语,刻下一道成长的印记。虞永平教授说过:"课程就在儿童的生活和行动里,让我们用爱心与用心,架构五彩的生活课程,让一切因为孩子而被赋予无限的美好和期待!"

在这个冬天,爱都小学各个年级都开启了不同主题的"雪花课程"的跨学科学习。四年级借助自然之雪开展了"雪的前世与今生"主题课程。三年级开展了探究雪的"踏雪寻梅"主题课程。

音乐课上,孩子们欣赏《雪孩子》,歌唱《雪孩子》。在赏与唱的过程中,孩子们不仅感受到雪带来的乐趣,更是被"雪孩子"舍己为人的精神所深深打动。

科学课上,孩子们在老师的带领下学习水的三种形态,了解雪的形成。综合实践课上,老师则让孩子们分成几个小组,每个小组设计与雪相关的小组名,他们是"冰雪聪明组""小雪人组""冰天雪地组""雪孩子组"……每个小组在老师和组长的组织下探究雪的形状,并用手中的五彩纸折成雪的样子,一朵朵形态各异的雪花折纸活灵活现,栩栩如生。

语文课上,孩子们了解古人看雪、赏雪的文化,借助古诗词认识雪的不

蕴藏季 爱都之冬　067

同雅称，并将自己的所学所得记录在学习单中。孩子们与老师一起，在诵读、体悟的过程中，感受雪的韵味。

数学课上，孩子们把济南市各区县的降雪量做成统计表和统计图，把在课上刚刚学到的知识运用到现实中；英语课上，同学们纷纷用英语表达对雪的认识……

在周而复始的四季中，儿童的生活可能会丧失季节感，但是在爱都，孩子们经历了一个个多彩的季节。孩子们与不同季节的奥妙交织在一起，构筑起一个个独特的童年。

雪的前世今生

用英语表达对雪的认识

陪你写诗之冬日诗集

（2020 年 11 月 23 日）

白雪飘飘何所似，好像满天棉花糖。
白雪纷纷何所似，未若玉蝶满天飞。
……

没错，这是孩子们在欣赏了漫天大雪之后模仿《咏雪》写出的富有童真的诗句。

触摸雪的世界

春风轻柔，吹绿了嫩芽；秋雨绵绵，带走了落叶。一年四季总是诗，只要留心观察，放飞想象，每一个孩子都是天生的诗人。我们的"陪你写诗系列课程"贯穿了一年四季。在诗歌的浸润下，二年级的孩子们跟春天早开的小花打招呼，跟夏日远航的小船做朋友，追随着秋天落叶的足迹，追随着，追随着，便迎来了冬日冰天雪地的童话世界。

在初雪漫天的浪漫时节，老师和孩子们一起走出教室，走到操场。一双双小脚印在雪白的地毯上蔓延开来，绘制成一个个欢乐的图形。孩子们堆起雪人，给小小的雪娃娃编织出童话。大自然是孩子们最美妙的灵感源泉。追逐着飘舞的雪花，孩子们满脑子的小问号——

"老师、老师，雪为什么落到我的手上就化了？"

"老师、老师，雪落到河里会漂在水面上吗？"

"那河水为什么会结冰呢？"

"老师、老师，到了晚上我们的操场是不是就盖上雪做的棉被了？"

"那大山就披上白袍子啦!"

"老师、老师,小草是不是在雪地下面冬眠呀?"

瞧,富有诗意的表达就这样形成了。

你们知道吗?雪花还有好多名字呢!

孩子们跟老师一起投入到诗歌的世界中,玉蝶、琼花、银粟、仙藻……一个个雪的别名、雅称引发了孩子们的好奇心。

"为什么诗人把雪叫作'六出''六花'呢?"

"因为雪花是六角形的啊!"

"那么'白雪飘飘何所似'呢?"

孩子们一个个套用,还加上了自己的想象。于是,棉花、蝴蝶、纸屑、羽毛、羊毛、蒲公英满天飞。

冬天在哪里呢?有了最真实的体会之后,诗歌读起来就显得更加生动可爱了。

"冬眠的青蛙会告诉你,冬天在香香甜甜的睡梦里。"

"狂舞的雪花会告诉你,冬天在飘飘洒洒的洁白里。"

小诗人们伴着窗外的茫茫白雪,听着北风从树梢呼啸而过,朗朗的诵读声越飘越远,给这个寒冷的冬天增添了一些暖色。

冬天还在哪里呢?小诗人们纷纷拿起自己的笔,把自己最真实的体会和最大胆的想象落到纸上,绘制成画,书写成诗。

"冬天在哪里?

寒冷的北风会告诉你,

冬天在清清冷冷的黑夜里。"

孩子们的诗

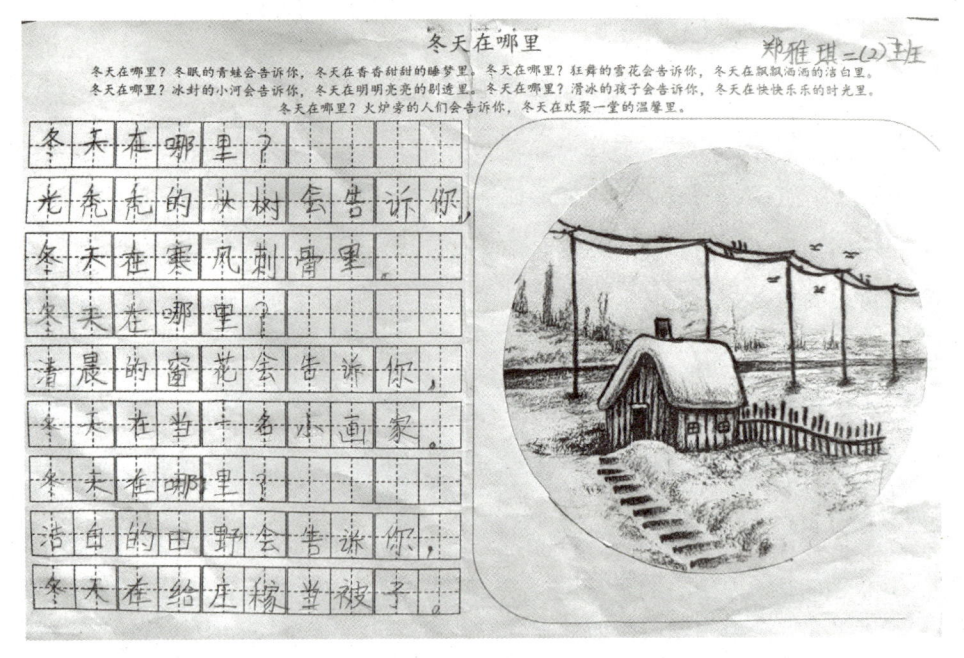

孩子们的诗《冬天在哪里》

"冬天在哪里？

出锅的食物会告诉你，

冬天在热乎乎的温暖里。"

"冬天在哪里？

枯黄的小草会告诉你，

冬天在安安静静的等待里。"

这是充满了儿童最纯真想象的浪漫灵感。孩子们用澄澈的眼睛看着这世界，雪花落在眼睛里，交织出温柔的图画；孩子们用柔软的小手触摸这世界，雪花融化在手心里，变幻成一连串诗句。

在这个冬天，老师们继续陪着孩子们一起读诗、写诗。小诗人们"以我手写我心"，放飞了想象的翅膀，感受着诗歌的浪漫。诗歌，如春之微雨，浸润着幼苗一般的心灵。在这片沃土上，孩子们健康、快乐地成长着。"陪你写诗系列课程"还在继续……

踏雪寻梅

（2020年12月7日）

小彩虹班的晓畅长着一副"霸道总裁脸"，不苟言笑的他不管老师说什么都听不进去，对天天笑眯眯的雪儿老师也总是爱搭不理。雪儿老师想了很多"接近"他的办法，但总是以失败而告终。

接班第一周，雪儿老师非常无助。"我该怎么跟他沟通？怎么才能让他开心起来？怎样才能让他融入集体？"她几乎每天都这样对自己"灵魂三问"。

直到那天，"魔法四季·冬"开启仪式后……

孩子们沉浸在对冬天的美好向往里，他们提议剪一些雪花剪纸贴在教室里，期盼今年的第一场雪早一些到来。在剪纸课上，老师要求用数学课上学过的对称图形知识去剪一片雪花。雪儿老师惊喜地发现，晓畅不仅将抽象的对称知识牢记于心，随手就能将纸片折成对称的样子，而且竟然还是一个剪纸天才。只见他一声不吭，白色的纸片在他的手里欢快地旋转、跳跃，他眼睛里的光和平时都不一样。不一会儿，一只灵动的纸蝴蝶就完工啦！兴奋的雪儿老师真想马上过去夸夸他，但是又怕这美好的一幕被自己打断。雪儿老师希望能抓住这次机会真正走近他。

终于等到下班，雪儿老师第一件事就是去文具店买了许多漂亮的彩纸。

那晚的星星特别亮，原本不擅长手工的雪儿老师趴在桌上，跟着视频教程，耐心地学着剪纸。不知不觉已是夜深人静，她也学会了雪花、五角星、蝴蝶等对称图形的剪法——虽然手法有些笨拙。

第二天，雪儿老师早早来到学校。晓畅一踏进班级的门，雪儿老师就兴奋地给他看自己的"作品",未料他慢悠悠地说了一句"太丑了",就回到了座位上。虽然没有得到他的认可,但雪儿老师的心仍然激动异常,因为这是她成为班主任以来,晓畅同学第一次这样非正式地跟她说话。更令她始料未及的是,中午吃完饭,她的办公桌上突然出现了两只飘逸的紫色蝴蝶!那流畅的线条,莫不是……

"这是你送给我的吗?"雪儿老师激动地问晓畅同学。

"是啊。"他若无其事地说。

"谢谢你,我好喜欢这两只蝴蝶,你能教我剪吗?"晓畅同学点点头。

于是,接下来一个星期的所有课间,他们几乎都在一起剪纸。慢慢地,雪儿老师发现晓畅不仅不是自闭症,反而是一个小话痨——他会说他跟哥哥之间发生的趣事、家里小狗的顽皮,甚至还会时不时地聊一聊班级里的"八卦"……

在这个"冬季课程"里,雪儿老师跟他一起研究雪花的形成,做关于雪花形成的科学实验,他们一起做《九九消寒图》,一起去踏雪寻梅……更令她欣喜的是,随着课程的深入,晓畅的话越来越多!雪儿老师还发现,他是个特别爱钻研的孩子。梅花到底有多少种颜色?为了弄清楚这个问题,他不断地查阅资料,还和老师、妈妈实地走访百花洲,循着庭院深处的那一缕幽香探求答案。

一天又一天,《九九消寒图》完成了,晓畅心中的"寒气"也消失殆尽。

"感谢'冬季课程'这个神奇的存在,让我有机会走进孩子心灵深处,探寻那一缕幽香。感谢'冬季课程'这个神奇的存在,让我在'发现'孩子的同时,也'发现'了自己!"

雪儿老师在 TED 演讲中由衷地感叹课程的魅力。

真正的教育是润物细无声的,课程的意义就在于此,将无声的爱和关心注入丰富的课程内容中,教师能和孩子的心贴得更近。原来,真正有"魔法"的,不仅仅是四季,还有我们爱都特有的"冬季课程"。

上学100天啦!

（2016年12月15日）

水滴班的亚琪和誉蒙是一对好朋友，她们住在同一个小区，经常一同上学、放学。这天早上，她们穿着同款红色羽绒服，扎着相同的麻花辫，戴着同样的紫色帽形镶钻头饰——仔细看，连戴的位置都一样。她们像双胞胎一样手拉手走出小区，走进校园，来到教室，本来不是同桌的她们还坐在了一起。

再看校园里，好像突然多了很多双胞胎，快看，还有三胞胎呢！他们穿着一样的服装，戴着相同的牛角头饰或棒球帽，从头到脚都一模一样。这是怎么回事呢？

原来，这是学校为了庆祝孩子们入学100天进行的"百日课程"。这一天还是"双胞胎日"，也叫"好友日""伙伴关系日"，好朋友扮成双胞胎或三胞胎来到学校，开始一天的伙伴生活……

"100天中，你找到哪些好朋友？找到你的好朋友，在庆典那天穿一样的衣服，做一样的事情，多么好玩。"当我们公布这个消息的

"双胞胎"一起走出小区

穿着、打扮一样的"三胞胎"

时候，孩子们兴奋地鼓掌，飞奔着去找好朋友。受欢迎的孩子被很多好朋友团团围住，当然，也有一些孩子很落寞，找不到一个好朋友，于是教育的机会就来了：对于这些找不到好朋友的孩子，老师要帮助他们学会沟通，学会交往，学会理解，学会同理心。所谓的"双胞胎日""好友日"，其实就是为了实现教育的一个重要的目标——帮助孩子学会人与人的沟通，学会换位思考，学会理解，学会妥协。这是一个孩子将来走向社会重要的核心素养之一。在老师的用心挖掘、精心设计下，教育就像盐溶于水、雪落入水一般悄然发生了。

孩子们入学100天了，如何纪念和庆祝？

"百日"又意指"百岁"，中国自古以来就有为庆祝婴儿出生100天举行的仪式，人们通过喝"百日酒"、拍"百日照"等传统方式，祈愿孩子长命百岁，其中饱含了长辈对子孙无尽的爱与祝福。入学，对于每一个孩子、每一个家庭来说，是一件大事。入学的第一天，一个小小的生命就独立迈出了走向社会的第一步。在接下来的100天里，学校、老师将见证这个小生命许多值得珍藏的"第一次"，陪伴孩子走稳第一步，为他们的新一段生命历程珍藏更多美好的记忆。

最开始，我们想用隆重、热烈的庆典形式进行，但若是仅仅庆祝，那么热闹之后能够给孩子们留下什么呢？于是，我们把"百日庆祝"活动开发成"百日课程"主题周——"百日七天乐"。

这个主题周有一个灵魂叫"乐"，突出的就是趣味性。围绕"乐"字，我们把七天的课程分为四个阶段。

第一阶段：唤醒

（2016年12月9日）

"当——当——当——"爱都校园里回荡起悠扬的钟声，初冬的玉函山在薄雾晨霭中被唤醒，这铃声昭示着百日课程的开启，孩子们的回忆也被唤醒……

我像一棵老橡树高高地站立，

我伸展开去触摸星星。

我想拥抱这个世界，

我们是一家人。

你好，老师。

你好，伙伴。

随着时钟的敲响，操场上传来优美的诵读声。可爱的孩子们像往常一样跳起晨圈、诵读感恩诗，张开双臂拥抱校园，迎接又一个美好的早晨！

晨圈之后，他们开始向哥哥、姐姐收集祝福。

高年级的同学们热情、真诚地为小蜜瓜们送上祝福。

"姐姐，您能给我送上百日祝福吗？"最初还羞答答的子蠡被哥哥、姐姐的热情感染，也能主动要祝福了。

看，小水滴、小火箭、小鲤鱼、小火苗、小糖果们都收集到这么多的祝福，好开心啊！

他们还要向老师、伙伴和家人收集祝福，通过一个个温馨、美好的祝福来感受入学100天对自己成长的重要性。

入学第100天是孩子们生命中一个重要、美好的日子。孩子们由此知道了，只有学会祝福他人，给予他人祝福，才会收获祝福。

第二阶段：寻找

（2016年12月10日）

从这天开始，孩子们要和爸爸、妈妈一起寻找百日成长印记，发现自己入学100天来成长的变化，并用自己喜欢的方式表现出来。

小水滴们建立了自己的个人相册，从不同时期、不同课程中发现自己的成长；小火箭们从100天来变化的口算速度与正确率中寻得自己的进步；小糖果们翻开本子找到自己写的第一个字，将它与现在写的字做对比，从而了解自己的改变……

找啊，找啊，孩子们发现100天中的收获可太多了，自己太了不起了。

第三阶段：分享

（2016年12月14日）

百日印记

晨曦徐徐拉开了帷幕，又是一个清新美好的早晨。子瑞带着一大块展板走进教室，引来小星星们的围观。上面有他第一次写的字和拼音，第一次做的口算作业，第一次参加运动会的照片，第一次参加诵读表演的剧照……他自豪地介绍着。

小水滴若轩和硕宁把自己最得意的生肖泥塑作品小心翼翼地摆放在书桌上，十二个小动物活灵活现、惟妙惟肖，这可是他们在动物课程中学到的手艺。他们还现场即兴演示起来，软软的太空泥在手心里转来转去，搓一搓、捏一捏，一会儿工夫，可爱的小老鼠、小蛇、小兔子、小猪就从手心里蹦出来了。

经过四天的寻找，今天，孩子们要与小伙伴分享自己百日成长的印记。

小星星们的成长记录

小鲤鱼们用作品呈现自己的成长

小水滴们用"视频+讲述"的形式回顾自己一百天的成长；小鲤鱼们用"作品+讲述"的形式直观呈现自己的成长；小星星们把自己不同时期的作业贴到展板上，展现自己的成长变化……

孩子们如数家珍，快乐地分享着，彼此相互发现，相互欣赏。各个教室中掌声此起彼伏，为同伴，也为自己。

在这100天里，孩子们发生了很多变化：算术题越算越快，认识的字越来越多。他们不仅长高了，而且更懂礼貌了，会讲规则了。

创意"100"

这几天，孩子们还用自己喜欢的方式，用各种材料创意"100"，今天也将作品拿来分享。

他们有的用100粒绿豆粘出"100"的字样，有的用一根黄瓜、两个土豆组成

创意"100"

"100"的样子，有的用100粒贴钻粘出自己班级的班徽图案，还有一家三姐妹，各在背后贴上一个数字，组成"100"……

平日里活泼好动的小锴用大米拼出了"100"的字样，可以想象他将一粒粒大米小心翼翼地粘贴到纸上的样子，那份专注是课堂上的他不曾有的。

孩子们脑洞大开，创意无限，纷纷用自己喜欢的方式来展现"100"，纪念这属于自己的、独一无二的100天。

通过"创意100"的制作与分享，孩子们进一步感受到这100天带来的快乐，更会铭记这个富有纪念意义的日子。

亲手设计百日帽

孩子们过生日都会戴生日帽，那么"百日庆典"也该有仪式感，于是各班开始制作"百日帽"。

水滴班在生日帽的基础上进行改造，加上班级文化元素，一个个小水滴的形象跃然帽上。火苗班干脆统一购买了棒球帽，在空白处进行个性化创意，做成了独一无二的班帽。满天星班的小星星们还设计了自己的"百日纪念章"……

孩子们笔下呈现出不同形态、不同字体又各具创意的"100"或"百"的字样。家旭的"百日帽"最具特色——一艘小船乘风破浪而来，小水滴雄踞其上，白帆处是大大的"百"字……

100，是数字，更是孩子生命中的一种体验、一段历程。

第四阶段：庆祝

（2016 年 12 月 15 日）

今天就要举行隆重的百日庆典啦！如前文所述，孩子们成双成对，像双胞胎一样，穿戴相同，手拉手走进校园，和好朋友在一起学习、生活、做游戏，学习如何与好朋友交往。

首先由各班的"大水滴""大糖果"等纷纷送上神秘礼物，有来自爸爸、妈妈的祝福视频，有孩子们从出生 100 天到上学 100 天，不同阶段的照片集锦……

由于爸爸、妈妈的保密工作做得好，所以孩子们看到这份意外的礼物时格外兴奋,尤其是子涵看到常年在外地的爸爸发来的视频时,激动得喊了起来,而晓阳看到视频里的爸爸、妈妈时流下了感动而幸福的泪水……

带着满满的祝福以及幸福的回忆,老师带着孩子们学习了有关"百"的汉字、数字、成语和游戏,欣赏了唢呐独奏"百鸟朝凤",了解了传统文化。在多学科融合的学习中,孩子们学习了"百"的相关文化,了解了"100天"在自己的小学生活中的意义。最后,孩子们还与好朋友一起绘制了爱都百日百米长卷,送上对自己、对学校的祝福。

课堂上孩子们自由表达、落落大方。从最初踏入校园的胆怯羞涩,到如今的阳光开朗、谈吐自如——这就是孩子们在入学100天中的成长。

他们在课程中的成长收获清晰可见,这源于100天来在"全课程"土壤中的滋润。

短短100天的时间里,孩子们接受了入学课程、开笔礼、中秋课程、国庆课程、秋季课程等。与生活链接的主题学习、生活化的环境布置、丰富多彩的"学习社区"、体验式的学习方式、别开生面的"仪式课程"、教师包班制和"全科教学"、师生和学生间的平等对话,使孩子们在学前阶段游戏化、生活化的学习方式得以延续,从而消除他们对分科学习的"恐惧感"。一颗颗脆弱的好奇心得以保护和激发,一株株创新的"幼芽"得以培育和生长,一扇扇敏感的"心灵窗户"得以开启和扩大,一种"同伴式"的新型师生关系得以建立和深化,一种全景式的学习方法得以确立和内化。孩子们梦寐以求的乐园回来了,教育的本源回归了,教与学真实地发生了。

在爱都这所充满爱的校园里,在这片润泽的沃土之上,每位孩子都得到了发展,

创作爱都百日百米长卷

每位孩子都收获了成长。这是一个美好的开始,前方还有更多的成长密码等待破译……

入学100天,从幼儿园的小朋友到一年级的小学生,这是孩子们小学生活中最重要的一段时光。

金色的童年需要耕耘,金色的童年需要守护。如今成功开展了五届的"百日课程"已经成为爱都小学的经典课程之一,也成为爱都小学的固定品牌课程。每年的这一天,一对对好朋友像双胞胎一样,穿上同样的衣服,戴上同样的发卡、帽子,打扮得一模一样来到学校参加庆典,而且这个活动每年都会有微创新。

2017年"百日课程"开启的那天,走廊上方挂满了孩子们的照片,展现开学以来孩子们在学习课程中的精彩瞬间。孩子们惊喜地徜徉其间,开心地寻找着自己的身影。

每个班的孩子都穿上了节日的盛装,在包班老师的引导下,自信大方地展示自我。明德班的孩子们身着汉服,吟诵着100天中学习的古诗,仿佛瞬间穿越回古代学堂。向日葵班的孩子们头顶小小向日葵,伴着欢快的歌曲,带领全场的孩子们一起唱啊,跳啊,共同开启了美好的"百日课程"。

在2018年的庆典活动中,孩子们先在本班与好朋友一起制作邀请函、设计百日纪念章等,然后齐聚"小剧场",用情景剧的方式呈现一天的学校生活,演绎《百日棒小孩养成记》!

40分钟的情景剧,是孩子们100天校园生活的缩影。每一天的努力和坚持,汇成这100天的精彩、变化和成长。

他们还和好朋友手拉手

好友乐分享

一起去研学,走进百花洲,一起做美好的事……

来自同伴间的情谊最珍贵。通过"好友做伴研学"等一系列活动,小伙伴之间更加亲密;孩子们懂得了合作与分享、包容与悦纳、沟通与妥协、关爱与互助,学会了关心同伴、体谅同伴、为同伴着想。

吟诵100天中学习的古诗

在2019年的庆典活动中,萤火虫、蒲公英、小种子三个班的小朋友,分别进行了个人T台走秀。孩子们皆盛装出席,在舞台上展示自己最光彩靓丽的瞬间。最后,孩子

演绎《百日棒小孩养成记》

们在百米画卷上画下自己开学100多天以来的精彩校园生活:开学典礼、开笔礼、中秋课程、秋天课程、动物课程等。这些课程活动被孩子们用五颜六色的画笔呈现在画布上,美丽的校园、友善的同学和亲切的老师,也被孩子们绘进了精彩的图画里。各班还以自制绘本的形式回顾、纪念自己的100天。

2020年的"爱都娃"进行了"百日游戏闯关",游戏设有3个关卡:跳绳100接力、篮球100接力、蹲跳起100接力。最后进行了别开生面的百人齐过呼啦圈"爱都记录大挑战"。在一阵阵的加油声、欢笑声中,诞生了3分28秒的"爱都记录",为百日课程画上了圆满的句号。

入学 100 天纪念日是学生生命中重要且美好的日子。百日课程能够帮助学生唤醒心中美好的记忆，追寻爱的足迹，感悟生命的成长。该活动让孩子们在学校的每一天都有意义，让孩子们长大以后都会记得这些有爱的日子。

20 个人的 T 台走秀

"百"在我国传统文化中有圆满、美满之意，表示十全十美，也代表一个轮回。100 天，虽然只是很短的一段时光，但对于一年级的"小蜜瓜"来说，却是他们踏上求学之路、成长之路的第一步。

"小爱娃"9 月 1 日走进校园，如今已迎来自己的入学 100 天。这 100 天里，他们布置了像家一样温馨的教室，经历了好玩的开学课程、充满仪式感的开笔礼、爱意浓浓的中秋课程，闯入了有趣的"拼音王国""美好的秋世界"……这一路的开心与精彩，值得他们回味，也值得纪念。孩子们乐在其中，并从这些课程中感受到一种向上、向真、向美的力量。

为丰富的课程，有趣的活动，

为百日的圆满，我们齐心共筑。

为百日的长久，我们美好启程。

为知识、健康和快乐生长不息，

为陪伴、祝福和期望，我们每天感激。

"不积跬步，无以至千里。"100 天，是一个节点，更是一个美丽的起点。我们坚信，一路播撒爱的种子，点燃生命的火种，每个孩子在下一个百日定会绽放更加绚丽的光芒，定会快乐、幸福地经历每一段温暖而又难忘的时光。

让我们默默等待，那一朵朵小花静静地开……

美国诗人惠特曼说："一个孩子，每天向前走去，那最初遇见的，就变成他生命的一部分……"我们一直在思考：在爱都的六年如何让他们经历那"最初的遇见"？他们在爱都会接受什么样的教育？我们期待，在爱都，孩子们可以看到自己，遇见最美的自己，拥有幸福的童年。

创意"100"

我与爱都的 100 天

你好，我的朋友

——欢迎加入我的朋友圈

（2017年12月8日）

"来，看看咱们几个是不是一个圈的！"

"哎呀，这个角好像大了一点儿。"

"不对，不对，咱们后面的诗句对不起来！"

阳光明媚的午后，爱都小学的小操场上，孩子们几人一堆，对暗号似的比画着，好像在拼着什么。原来，他们手里拿的是自己用心装饰的"交友角"。

"老师——我们拼出来了！"随着一声兴奋的呐喊，利棣和几位同学形成了第一个"朋友圈"，孩子们脸上洋溢的笑容，仿佛这冬日的暖阳般划破天际直抵人心，让人浑身暖洋洋的。

一个个"朋友圈"陆陆续续地形成了，孩子们和自己的新朋友手拉手去闯关了。

那一双双既期待又欢喜的眼睛，一个个挂上面庞的灿烂笑容，仿佛都在诉说：今天参加"朋友圈"课程结束仪式，我一定又会交到很多朋友。

在"朋友圈"课程的欢乐氛围中，爱都小学二年级的孩子们开启了交朋友的奇妙旅行，并学着做最好的自己。这次承上启下的仪式，既为"朋友圈"课程画上一个圆满的句号，也拉开了"在一起"课程的帷幕。

一周前，孩子们就在数学老师的带领下，学习从圆上裁剪出一个独属于自己的扇形——扇形夹角有45°、50°和60°三种样式，然后利用语文课上学到的"写话"知识，把自己的兴趣、爱好以及性格特点，简洁明了地写在扇

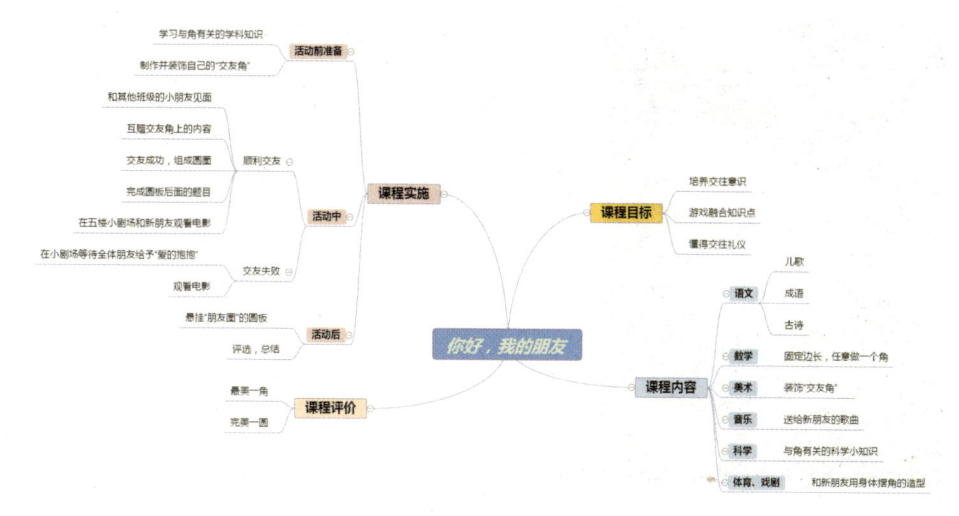

课程图谱

形的外圈，内圈则写上给新朋友的留言。

"我有时爱笑，有时爱哭，喜欢跳绳，还喜欢唱歌。"

"我想跟你做好朋友，我会唱歌给你听。"

"我的朋友：你好！我不知道你是谁，但是祝你天天开心！"

这些甜蜜又真挚的话语，映射出孩子们纯真灿烂的心灵。

最后，再对其进行装饰，一个独具特色的"交友角"就完成了。把它挂在走廊里，让大家了解一个独特的你吧！课间，孩子们阅读着"交友角"，不仅更加清楚地认识到自己的闪光点，增强了自信，还更加了解了身边的朋友们，增进了彼此之间的感情。

此外，语文老师还带领孩子们品味"桃花潭水深千尺，不及汪伦送我情"的友谊情深；感受"若到江南赶上春，千万和春住"的美好祝愿；捕捉"孤帆远影碧空尽，惟见长江天际流"这瞥送别时不舍的眼神。孩子们沉浸在优美的诗文中的同时，也明白了朋友的重要性。

那么，如何才能交朋友呢？

通过学习儿歌《小狗找朋友》，孩子们知道了只看别人的短处、笑话别人是找不到朋友的。之后，孩子们又创编了一首正面的《小狗找朋友》，由此知道学会赏识别人、赞美别人才能交到好朋友。

这几天的晨圈儿歌换成了《拉钩钩》。水滴班的萱萱老师带领小水滴跳晨圈时，请小水滴几个一组就近拉成一个小圈，有的小水滴融不到任何一个圈子去，于是就产生了教育的主题——如何交朋友。

老师顺势讲了《威利和朋友》以及《我的兔子朋友》的故事，这些故事教给小水滴，和朋友相处，要学会宽容。

在阅读绘本《做朋友吧》时，小水滴感受到了小蛇对交朋友的迫切，为了能有朋友，小蛇付出了很多。小水滴很心疼这条小蛇，同时为小蛇最终交到朋友而开心。孩子们在未来交朋友的过程中，会不自觉地理解小蛇对朋友的渴望，学习他对朋友的付出。

交友角

随后，链接孩子生活，做出提问：你和朋友一起做一件事，可是朋友把事情弄糟了，你会对朋友说什么？你又会怎么做？

课程的目的是让孩子们明白团结的力量，明白朋友之间应该互相帮助，让孩子们慢慢学会与别人合作。

当天的读写绘作业就是"'我'和好朋友的故事"。

慢慢地，小水滴们学会了如何交朋友，如何与好朋友相处。

孩子们带着更深入的思考来到了戏剧课堂上，欣赏儿童剧《交朋友》。

为什么"喵喵喵"没有交到朋友呢？

"因为它没有礼貌。"

"因为它不懂得分享。"

"喵喵喵"怎样才能交到朋友呢？

孩子们你一言，我一语，重新创编出一个新剧本。

那就一起演一演吧！

在表演的过程中，他们运用所学的与朋友相处的方法,想象、创编,合作表演,帮助"喵喵喵"交到了更多朋友。

沉浸在优美的诗文中

那么，现实生活中孩子们要如何交朋友呢？于是，在"朋友圈"课程的结束仪式上，我们打破班与班之间的界限，拓宽孩子们的交友圈，给孩子们创造了一个扩大交友范围的机会。

回到本文开头时的一幕——

每个孩子的"交友角"背面都被老师写上了一句诗，大家需要拿着自己的这一角，找到能和自己拼成一首完整诗歌的朋友。最终，凑齐每个角，大家就可以拼成一个完整的圆了。

"你缺失的那一个角，可能是班里任何一个同学，你可能以前就认识他，也可能不认识。快快去找你的新朋友吧！"

随着老师一声令下，孩子们欢呼雀跃地散开，高高举起自己手里的"交友角"，大声念着诗句，好像对暗号一样寻找自己的朋友。

"我是'锄禾日当午'，'汗滴禾下土'在哪里呀？"

"'两个黄鹂鸣翠柳'你好，我是'一行白鹭上青天'。"

寻找的过程中，大家都很兴奋，就连平时特别内向、害羞、不爱说话的奕辰都瞪大眼睛主动和其他班级的同学交流着。

可是慢慢地，经历了一次次失败，孩子们从最初的兴奋、期待到满怀失望，有的开始茫然地乱跑，有的继续坚持不懈地寻觅……终于，第一个朋友圈拼成了。

当几个小蜜瓜拼成一个圆的时候，大家激动地拥抱在一起，有的甚至快乐地跳起来呐喊。在这个幸福、甜蜜的时刻，原本素不相识的孩子们主动挽起新朋友的手，一个新的朋友圈建成啦!

渐渐地，一个又一个幸福的朋友圈团圆了，操场上到处都是洋溢着幸福的笑脸。

接下来，好朋友们以一个"圈"为一个团队，集体进行各项任务闯关——猜谜、联诗、戏剧表演等。每一项都需要好朋友合作才能完成。新结成的"朋友圈"迅速培养起默契，甜蜜地拉着手，形影不离，团结一心来闯关。他们通力合作，完成一个个任务，闯过一个个关卡。

瞧，几个好朋友躺在地毯上，用身体摆出规定度数的角，顺利闯过数学关；几双明亮眼睛将诗句一起拼成优美的送别诗文，感受诗人之间的浓浓友情，胜利闯过语文关……

好朋友们在一起，什么都难不倒他们。

好玩又刺激的就属体育关了，朋友们需要接力闯关：一个"小蜜瓜"先去跳绳，要跳够100个，下一个"小蜜瓜"才能去用沙包掷远，沙包落到哪里孩子们就要从哪里开始运送"伤员"，而伤员就由本团队的一位成员扮演。他们摩拳擦掌、严肃认真，忙得不亦乐乎。

在新朋友的支持和鼓励下，一

对暗号一样寻找自己的朋友

新的朋友圈形成啦!

个个朋友圈顺利闯关,携手来到小剧场,亲密地紧坐在一起。此时,幸福也随之蔓延开来。

而那些没有拼成圆,没有交到新朋友的小蜜瓜,在老师的组织下临时组成一个朋友圈,他们给彼此一个大大的拥抱,互相鼓励。

用身体摆出规定度数的角

等到所有的小蜜瓜们和他们的新朋友都到齐了,就一起听个绘本故事《失落的一角》吧!

一个不完整的圆在找寻自己缺失的一角,路途遥遥,历经磨难的圆终于找到了自己缺失的一角,但为什么却又静静地放下了呢?

"因为圆想停的时候停不下来了。"

"因为找到角以后圆跑得太快,路上的美景都看不到了。"

孩子们在被这个故事打动的同时也渐渐明白:人要接纳自己的不完美,人生是在不断探寻完美中经历着,丰富着;正是因为彼此的不完美,朋友之间才更要相互包容、理解。

幸福的时光总是短暂的,短短一下午,孩子们收获的不仅仅是新的朋友、新的体悟,更是与人沟通、交往、合作和相处的能力。

朋友圈就像一个圆满的圆,我们的每个朋友都是这个圆圈里的一部分。我们与找到的新朋友是否会一直在一起呢?他们还会遇到很多关于交往的问题。

而第二个课程主题"在一起",正是教给孩子们如何认识彼此之间的关系、如何沟通等。我们相约,第二次课程的结束仪式仍然以这个朋友圈的组合坐在一起进行,到时再来汇报一下自己的交友之旅。

香草女巫狂欢派对

（2017 年 12 月 29 日）

"我是水滴女巫。"

"我是鲤鱼香草。"

……

一个个装扮成小巫师的孩子纷纷向同伴展示着。

2017 年，二年级的小朋友是与"香草女巫"一起度过的。他们在老师带领下进行了大声朗读，大声朗读的书目是《香草女巫》。

带着书中的"魔法钥匙"，敲开交友之门

他们与小香草一起上魔法老师的课，一起调配古怪的魔药，一起骑上飞天扫帚歪歪斜斜地在天上旅行，还一起大声朗读出小香草的每一条奇妙咒语……

书中除了有"黄金屋""颜如玉"之外，还有着奇妙的"魔法钥匙"。在"迈进 2018 年"联欢会上，他们扮成香草巫师，带着书中的"魔法钥匙"，打破班级的界限，敲开了交友之门，与邻班的同学们一起狂欢，迎接新年。

古人以诗敲门、以诗会友、以诗定交，今天，小蜜瓜们装扮成小巫师以"魔法"敲门、以题交友。

"蜗牛的涎，女巫的瘤——这是变什么的咒语？"

"小香草的新型飞帚是什么颜色的？"

……

小水滴浩然戴着斗笠，身披黑色披风，带着《香草女巫》中的问题作为通关密语敲响了小鲤鱼班的门，也打开了自己的心门，结交到了新的朋友。

每个小巫师早在活动开始之前就精心为新朋友准备好了礼物。对方只要答对书中的问题，就如同用"魔法钥匙"打开了自己的心上的锁。小巫师们在送出礼物的同时，也收获了有趣的礼物和新朋友。

小巫师们互相交换礼物

带着新朋友一起通过一个个女巫关卡

瞧！那一张张兴致盎然的小脸上，洋溢着收到礼物、结交到新朋友后的喜悦。

古人以文会友遇知音，而今，小朋友们也以书结伴交新朋友。书中的"魔法"真是无穷无尽呢！

幸福的小蜜瓜们带着新朋友扮成《香草女巫》中的人物，走进了女巫香草的世界。他们一起通过一个个女巫关卡，体会到了女巫香草的喜怒哀乐，也感受到了书的魅力。

通关成功后，小巫师们以"爱的抱抱"开启新的一年。不分班级、不分彼此，大家手牵手，围成一个圆，在音乐中转圈圈。

老师喊一声："5！"小巫师们就五五结对抱在一起，给朋友们一个爱的抱抱。

游戏升级，难度增加，数学老师开始出题啦！

"6+3-2。"

"等于7！"

需要先算对答案才能去结对拥抱，没有结对成功的小蜜瓜就需要表演一个节目咯！如果不会或者不好意思，没关系，一大批巫师抢着表演来救她，这就是爱的魔法。

小巫师们在游戏中感受到团结的力量，感受到拥抱的温暖。拥抱在一起的他们是那么幸福、开心，新的一年里，我们不是孤单的，我们有着有爱的集体以及爱的魔法钥匙。

巫师们抢着表演来救同伴

欢乐的时光总是短暂的，不知不觉中香草女巫狂欢活动已经接近尾声。最后，小巫师们载歌载舞用一曲《新年好》敲开了2018年的大门。

未来的一年，我们互相陪伴，一起出发，在书香的浸润中成长为最好的自己！

迎新年之冬日市集

赶年集·寻年味
—— 体验传统文化习俗元旦庆典活动

（2018年12月29日）

"老师，我们什么时候再举办一次年货大集呀？"星辰班的佳艺仰着头，满怀期待地问文萍老师。

佳艺口中的"年货大集"就是每年元旦前夕，学校举行的一次校园内的

营造一派温馨的节日氛围

大型冬日市集。

还记得那年冬日市集前夜，一场大雪悄然而至，玉函山一身银装素裹，雾气缭绕。凛冽的寒风吹割着每个人的脸庞，却无法削减孩子们盼望年货大集的热情和兴奋。

前一天，各科老师齐上阵，绘制主题图板和雪花等冬日元素，并将之悬挂在大厅，营造出一派节日的温馨氛围。

孩子们更是忙得热火朝天。

星辰班的天宝小组一直在考虑怎么布置摊位才能抓住顾客的眼球，家锐小组也早早研究起什么样的年货才能吸引更多的顾客。梓屹提议，从吃、穿、用等多个方面选品，才能满足顾客的多种需求，让顾客满载而归，也使自己的小组收益颇丰。于是，他们小组选择了可乐、自制花灯、自制年货购物包这三种商品进行售卖。书林组则另辟蹊径，商品准备完毕后，他们开始研究起推销手段。就这样，每个小组都根据生活经验，从多个角度思考问题，选择各自适合的货物和销售策略。

学校里每个班级的孩子都自由结合，形成一个个小商铺，各展所能，精心设计宣传海报，还根据自己所售卖的物品，设计了种种有趣的店名，如"小猪佩奇年货店""淘淘小屋""五谷丰登大卖场"……走廊上，一张张个性十足的小铺招牌海报替代了往年元旦的彩灯、彩带，课桌变身货架，摆满各自小铺的主打商品，一个个小摊位被装饰得年味十足。很多小朋友将自己最心爱、最精致的课程作品作为商品售卖，还有小朋友带来了核桃、花生、大枣等，与小伙伴们一

小顾客们在集市购买商品

起体验收获的喜悦，探索秋收冬藏的智慧。

"开市啦——"

早上8:00，随着张文老师一记锣响，大集开市的时间终于到来了。

水滴班的家旭穿上长袍举着他"吴忧小铺"的招牌不紧不慢地走向自己摊位，几个店员紧跟其后，一同举起家旭手书的对联进行开业宣言——

上联：读书声换叫卖声。下联：学问场变闹市场。横批：文童试贾。

真不愧是水滴班的小诗人，一语道破此次市集的"商机"啊！

一时间，大厅里、走廊上，人头攒动，熙来攘往，叫卖声、讨价还价声不绝于耳……

每个孩子都蓄势待发，一副小老板的架势。只见桌上摆的有琳琅满目的充满年味的精美手工，有福字、对联、挂件、窗花等，还有美味的蔬果、食物。无论谁来到这里，都会满载而归。

小老板们纷纷亮出绝招，有的负责招呼往来的"客人"，有的负责收钱找零、清点账目，还有的忙着现场制作各种时令小吃。

课桌变身货架，摆满主打货物

小铺招牌海报

吴忧小铺

"先尝后买！"

"买二赠一！"

"大抽奖！"

为了让生意更红火，有的店家设计了各种优惠活动，还有的干脆拿着货品奔走推销。整个会场被围得水泄不通，场面相当热闹。

充满年味的对联

几个小星星经营的是古风文具店。为了招揽顾客，他们穿上汉服游走于走廊，俨然走街串巷的小货郎。小鲤鱼们则打着快板推销货物吸引顾客。

热闹的叫卖声和拥挤的人潮让人恍若进入济南的芙蓉街，抑或北京的南锣鼓巷，这种氛围也只有春节抢购年货时才能见到吧。

身着汉服的小货郎

仔细看每个孩子的状态，他们有的因为卖出了货品而激动得相拥，面颊绯红；有的因为买到了心仪的物品而心满意足地疾步快走；还有的害羞腼腆，在鼓起勇气叫卖时，紧张得憋红了小脸。这其中的热闹和欢乐是言语无法形容的。

一走上四楼就听到萨克斯吹奏的悠扬的乐曲。大厅里满是听众，被里三层外三层围着的是蚂蚁班的家旺同学，他可成了今天最受瞩目的明星。追星族们投出一元、五元甚至十元去捧场，不一会儿，他就赚得钵满盆满，真是"无本"的好生意啊！

新年到，送祝福！靖远同学现场挥毫泼墨，一个个"福"字跃然纸上，不一会儿就被抢购一空。

孩子们将传统文化习俗与娱乐活动完美结合，营造出浓浓的新年气息，用这独特的方式感受中国传统文化，迎接新年的到来。他们在自由、尽兴的售卖过程中分享交流、合作交往，收获祝福，也收获快乐和成长。

小宇同学说："我好不容易卖出了一个玩具小熊，才挣了两元钱，爸爸妈妈赚钱真辛苦。"

现场挥毫泼墨送祝福

上午10点，"赶年集"活动接近尾声，孩子们收好摊位回到班级里，开启第二阶段的"迎新年·乐分享"活动。

有的同学在教室里分享在"集市"上购买的年货，还有多才多艺的同学向大家展示歌舞表演，将节日气氛推向了高潮。阳光、自信的笑容洋溢在每一张小脸上，一段段动感的舞蹈、一阵阵悠扬的歌声将新年的喜悦传递给每一个人。

我们深知，书本永远不能提供孩子成长所需的全部，只有让孩子更多地去经历和感受，才能让孩子们在全身心投入的过程中明白处世的道理和生活的真谛。

"秋收冬藏"是我们迎接冬天的最好方式。孩子们通过"秋收冬藏"课程，体验秋收的喜悦，探索万物收藏的智慧，感受传统文化习俗，迎接新年的到来。热热闹闹的"赶年集"，让孩子们体验"微型社会生活"，学会独立交往，感受生活的乐趣，更懂得热爱生活。

我们的课程不仅热闹，而且课程目标也在扎实地落实。孩子们通过节气诗词的学习，理解了秋收冬藏的意义。通过小组谋划，孩子们学会了团队合作。随后，他们又在学习单和分工单里学会了如何系统筹划，统一安排。最后，在热闹的年货大集上，他们锻炼了表达能力和交往能力。这样的课程虽然筹备时间久，工作精细，但是会让孩子们受益颇深。

就这样，冬日的"秋收冬藏"新年市集每年在爱都如期举行，如果有机会的话，来加入我们，相信你也会收获难忘的美好经历。

冬日里的一道暖阳
——新年市集之爱心义卖

（2021 年 12 月 29 日）

"瞧一瞧，看一看，走过路过不要错过。"

"大酬宾，大酬宾，买一送一了。"

"限量版私人订制手包，快来看一看吧。"

在一片高低起伏的叫卖声中，你是不是以为走进了超市？

不是的，这是爱都小学一年一度的冬日市集又拉开了帷幕。

与以往几届的冬日市集相比，这一次略有不同又意义非凡：不同的是，孩子们在市集中使用了真实的货币；意义非凡的是，此次市集的全部收入将用于爱心行动。

开市啦！

为了这次冬日年货市集的顺利进行，全校的小老板们用了一周的时间精心策划、细心筹备。有了前几届的经验，从前期的方案制定、流程宣讲、技术支持，到中期的分组合作、海报制作、货品准备、货物清点，再到后期的摊位布置、商品推销、货物补充、记账核算

摊位布置

等，他们都轻车熟路。每个孩子都以饱满的热情积极投入其中。"冬日年货市集"的举办既激发了孩子们的创新、创造能力，又锻炼了孩子们的团队合作精神。

  开市的前一天，小老板们就将早早制作好的精美店铺海报张贴好，将要售卖的商品分类摆放好。为了营造过年的喜庆氛围，老师和孩子们还拉上了彩带、挂上了灯笼、贴上了春联。小火箭班的"解忧杂货铺"还提前征集了校长、老师的签名，美其名曰"商品代言人"。还有的商铺提前发布商品预告、发放商品宣传彩页、赠送优惠券，并再三叮嘱："一定要来我们商铺啊！"一个个小老板的经营头脑都不容小觑呀！

  你是不是已经迫不及待要去爱都的冬日年货市集逛一逛了呢？

  Let's go! 年货市集逛起来。

  来到一楼的年货市集，别看店主都是些一、二年级的小朋友，卖起东西来可是老练得很。

  "哥哥，来看看我们的文具吧，保证你喜欢。"

100 遇见最美的四季——新童年教育纪实

爱心义卖宣传海报

售卖的"商品"被分类摆放好

"卖艺"啦!

"老师,这是我们亲手制作的小包包,西瓜形状的您喜欢吗?这个树叶造型的您背着也好看。"

瞧,小店主们既能大胆地招揽顾客又能清楚地介绍、推销自己的商品,丝毫看不出年幼的青涩与稚嫩。不仅如此,他们还展现了自己特有的创意——以抽奖的形式代替实物的买卖。他们将商品依据价格划分为三个不同的等级,不同的花费可以抽到不同的商品。抽奖这种形式既趣味十足又能吸引顾客,小店主们是不是很有营销策略呢?

璐璐老师循着优美的琴声来到启航班门前,原以为是活跃气氛的演出,没想到一曲结束,掌声未落,琴后的小启航指了指他面前的收银盒:"一元钱一首曲子,谢谢。您还想听什么曲子?"原来他是在"卖艺"啊。

告别了创意满满的一楼年货市集,紧接着来到了二楼四年级孩子们的年货市集。这里的商品可以说是琳琅满目、应有尽有,从小零食到小玩具和手工艺品,再到图书文具,这些可都是小店主们精心挑选准备的。在这里,"卖艺"的范围扩大到了绘画领域,若不注意都看不到那个默默作画的店主。不过不用担心，有专属引导员会提醒路过的你来欣赏的。

这些商品中有没有你心仪的年货呢？要是没有也不要失望，楼上还有更热闹的市集等着你呢，快去看看吧！

来到属于五年级孩子们的三楼年货市集，那档次、规格就更上一层楼啦！

卖画作的小火苗

这里不仅有孩子们手工自制的糖葫芦、棉花糖、小点心和水果沙拉，还有他们现场手工冲调的咖啡热饮。闻着这一阵阵浓郁的咖啡香，再配上这香甜可口的西式小点心，恍惚间，你还以为自己坐在一间舒适优雅的咖啡馆里，享受着闲暇、惬意的午后时光。

"都说冰糖葫芦儿酸，酸里头它透着甜，都说冰糖葫芦儿甜，甜里头又透着酸……"一曲"酸甜可口"的歌声将我们拉回到现实中。还别说，这糖葫芦又大又甜又美味，瞬间就被一抢而空。

是不是还没逛过瘾呢？爱都永远不会让你失望，咱们去四楼年货市集接着逛。

一来到四楼，我们就被优美动听的萨克斯声吸引住了，这是六年级的孩子在"卖艺"呢！他们不仅有萨克斯独奏，还有萨克斯与电吉他的合奏，堪比一场小小的音乐会了。继续往前走，还有精彩的拳击表演，来自三年级的小拳手装备专业，步伐稳健，一招一式有模有样，为这次年货市集增添了别样的精彩。再往前走，还有一位在现场挥毫泼墨的小小书法家，只见他笔法娴熟，流畅自如，不一会儿的工夫，一个个充满新年味道的"福"字便跃然纸上……

"咦，这个'福'字上面多了一点。"

挥毫泼墨的小小书法家

"对啊！'福'多一点。"

在对话的间隙，他又完成了一副春联。

逛到这里，你是不是已经买到自己心仪的年货商品了呢？是不是已经完全沉浸在冬日年货市集热闹欢快的氛围中了呢？是不是已经充分体会到爱都小学冬日年货市集的魅力了呢？大家手中大包、小包的战利品会告诉你……

在全校师生的共同努力下，此次年货市集的义卖筹集到了相当可观的一笔爱心基金。这些爱心基金将承载着爱都学子满满的爱到需要它们的人的身边去。孩子们用行动奉献着自己的那份爱心，如冬日暖阳，温暖人心。同时，他们也获得了传统课堂不能带给他们的能力和情感体验，这将成为他们人生记忆中浓墨重彩的一笔！

生肖闯年关

小鸡快跑

（2017年1月8日）

在一个个特色课程的陪伴下，一个学期很快结束了，爱都小学第一批一年级的小蜜瓜们迎来了他们小学生涯中的第一次"期末考试"。

这一天，孩子们个个头戴小鸡头饰来到学校，还看起了电影。你们确定是来考试的？

戴小鸡头饰闯年关

是的，没错。他们是来参加考试的，只是他们的考试与传统考试不同而已。

他们所面对的，不再是冰冷的试卷和严肃的监考老师，而是一张五彩的地图、一个鲜活的情境，这是一次快乐大闯关。

闯关之前先看场电影吧！既然即将迎来鸡年，就看一看《小鸡快跑》的故事吧。这部影片讲述了一群养鸡场的小鸡不甘心被做成鸡肉馅饼而奋力出逃的故事。

观赏电影《小鸡快跑》之后进行了创意写绘，孩子们创编并画出自己印象深刻的场景，将自己对电影故事的缤纷想象画到纸上。

闯关终于开始了。

闯关地图

每个孩子都拿到了一张属于自己的闯关地图。小水滴、小鲤鱼、小火箭戴着自制的小鸡头饰，变身一只只可爱的小鸡，开始进行一场穿越农场的冒险之旅。

"小鸡"要跟随闯关地图，依次闯过"拼音果园""书香菜地""智慧渔场""巧手林场""艺术稻田""运动牧场"六大关卡。每个大关卡之下还有两到三个小挑战，总共十二小关，涵盖了语文、数学、体育、音乐、戏剧等所有学科。

骏祥按照闯关路线图来到"拼音果园"进行第一关"小鸡拼音节"。开始他还有些许紧张，小心接过老师给他的几个"大苹果"，只见上面都写着一个音节

"j-i-āo-jiāo。"

"g-ǒu-gǒu。"

……

他一个个流利地拼读出来。

"恭喜你，过关了。"老师在他的闯关地图上印上一枚通关印章。

骏祥信心骤增，又开心地来到"书香菜地"闯"小鸡阅读"关，他抽取了一段话大声朗读起来。

"正确、流利、吐字清楚。"老师夸奖道，骏祥又顺利得到了第二枚通关印章。

循着地图来到"智慧渔场"，这里的关卡是"小鸡算一算"，要求"小鸡"口算十道加法题。这可是他最擅长的，一个个正确的得数脱口而出。

"巧手林场"里的"小鸡拨一拨"是需要"小鸡"根据题目要求在钟表

上拨出正确的时间。这个可是有点难度，骏祥拨来拨去，终于给时针、分针找准了位置……

他循着闯关路线图又到了"艺术稻田""运动牧场"，跟其他"小鸡"一起唱歌、跳绳，模仿小鸡飞飞，闯过了"小鸡咯咯""小鸡飞飞""小鸡跳跳"等一系列关卡。

就这样，骏祥和其他"小鸡"一路过关斩将，终于冲出农场，完成了这次冒险之旅。

最后，来到小鸡领奖台，校长已经等候多时了。她祝贺并拥抱每一位闯关成功的"小鸡"，在他们的闯关地图上盖上班徽印章，还颁发了富有纪念意义的新年礼物小鸡计时器，帮助孩子们与时间交朋友。

随后，"小鸡"与生肖代言人"小鸡哥哥"亲密合影留念。孩子们的第一次期末考试就这样愉快地完成了。

参与维持秩序的家长义工说："孩子昨天晚上就期待着闯关，激动得睡不着觉。"

"小鸡拨一拨"

"小鸡飞飞"

在闯关地图上盖上班徽印章

与"小鸡哥哥"亲密合影

"爱都的孩子太幸福啦!"

"真是一场别开生面的期末测试。"

这次测试采用孩子们喜欢的游戏方式,将各科知识有机融合,将传统试卷单纯对知识的考查转换为对能力运用的考查。孩子们在"小鸡快跑"的大主题之下,在一个完整的情境中进行角色扮演,多种感官共同参与,去认知、思考、想象、行动。在这个过程中,孩子们的礼仪交往、语言表达、动手操作、思维能力等各方面素养都得到了充分展示和提升。这不仅仅是给学生进行总结性评定的手段,更是学生再学习、再提高的过程。

孩子们以开心和快乐的心情来参与测评,获得了心理上的安全感。这样可以避免孩子一入学就形成对考试的恐惧,而对学习感到厌倦。这种形式的"期末考试"能让孩子们开心、放松,能够真实、全面地反映孩子各学科的学习情况,还能进一步激发他们的学习兴趣,让孩子们一直乐在其中。

幸福旅程　汪汪见证

（2018年1月25日）

"旅客们请注意，XFKC幸福号列车即将到达'爱都'站台，请14:15出发到'幸福家园'的旅客拿好车票，到一号检票处准备乘车。"

正在"候车室"等候的小旅客们再次确认自己车票上的车次、出发时间和目的地后就顺利出发了。他们将与同车次的旅客们一同开启一次快乐的旅程。

XFKC幸福号列车的车票

时光列车到达2018年，一学期快乐学习的幸福时光悄悄溜走了，小蜜瓜们要一起乘坐"幸福快车"检验一下自己的学习成果了。

这次期末闯关活动以乘坐"幸福快车"的方式进行，每位同学随机抽取一张车票，相同时间出发的学生自动组队，前往"幸福家园"站点和"动物乐园"站点进行挑战。别看只有两个站点，但是难度超大！通过这两个站点的考验，可以综合考查学生语文、数学、手工、团队合作等多方面的能力。

先来看看行程说明吧，这可是闯关秘籍！

拿到闯关秘籍的小旅客都认真地阅读了起来，在仔细阅读的过程中，他们明确了自己的发车时间、起点和挑战过程中要通过的站点以及路线，并尝试规划自己的行动。

来到候车室的旅客，眼睛一直盯着时钟，唯恐错过自己的"甜蜜车次"。时间一到，小组成员一起持车票登车，奔赴各自的站点。小旅客们个个摩拳擦掌、蓄势待发。

列车到达第一站"幸福家园"站,列车即将在此停靠15分钟。

嘉瑞的小组作为第一批乘客迅速进入站点,他们领到了一个大红包和一大张红纸,红包里有汉字若干。

他们需要合作完成以下任务:先把红纸剪成长35厘米、宽10厘米的长条,再用红包里的字拼成一副完整的春联。每个红包里的汉字都能组成一句经典的诗文,旅客们要把汉字按照正确的顺序排好,贴在裁好的红纸上。每个诗句都少一两个字,需要旅客动手填上。每组贴好一副完整的春联并大声诵读出来即算成功,然后奔赴下一站点。

旅伴们迅速分工,"嘉瑞测量尺寸,子豪裁剪春联,锦程你们俩先拼诗句,看看还缺少哪个字,最后我们一起粘贴到春联上"。

拼春联

看,他们的小剪刀"咔咔咔"飞剪着,小卡片"刷刷刷"快速变换着位置……他们一个个神情专注,忙得不亦乐乎。看似玩乐的活动,考验着孩子对语文、数学、手工等多科知识的运用,也检验着孩子的动手操作能力、合作能力。

"有山皆图画,无水不文章。"
"忠厚传家久,诗书继世长。"
随着一副副对联完工,一张张欢乐、聪慧又可爱的面孔溢满爱都,一声声清脆又悦耳的笑声撒满了教室的每个角落。不知道的还以为他们在开联欢会呢!

裁剪春联

"XFKC幸福号列车"马上

奔赴第二站。

"我们拼出了一只小恐龙！"

"我们拼出了一只美丽的蝴蝶！"

来到"动物乐园站"，另一条路线的旅客已经在忙碌着了。嘉瑞和旅伴们马不停蹄地加入进去。

首先，抽取一组打散的动物拼图，每张小拼图反面有一组比较复杂的算式，将相同结果的算式两两相邻拼在一起，就会组成一幅完整的动物拼图。旅客将动物拼图贴在A4纸上即为闯关成功，然后奔赴下一站点。

这可十分考验孩子们的数学口算能力，有的小组很快计算出结果顺利拼图成功，嘉瑞的小组则被一道题难住了，迟迟不能进行下一步。有的小组分工合理有序，有的小组则互相埋怨……当然，最终所有成员齐心协力闯关成功。

一副副对联完工啦！

"动物乐园站"

成功完成两个挑战的小组将获得意想不到的惊喜。猜猜是什么？是旅程最后一站，大家最为期待的"甜蜜影院"站点。看看站点说明，是不是很诱人？

请你带着春联和动物拼图来到这里，将影院装扮一新，就可以抽取……（你猜会是什么）然后跟你的小伙伴一起开开心心地看一场电影吧！

"别急，别急，下面还有一行字。"旅伴们刚想出发，细心的嘉瑞喊起来。大家定睛一看，果然，在说明下方有一行小字，不仔细看还真注意不到。

去甜蜜影院之前先去一趟大队部（嘘——），有一位神秘嘉宾等着你……

"神秘嘉宾？"

"会是谁呢？"

110 遇见最美的四季——新童年教育纪实

贺岁吉祥物合影

甜蜜宝箱

"去年是小鸡哥哥,今年就是小狗哥哥。"

……

大家纷纷猜测。

"还是快快出发去看看。"

当他们悄悄推开门——

"哇!"旅客们惊讶地尖叫起来。

竟然是两只毛茸茸的小狗!它们瞪着水灵灵的大眼睛,还穿着喜庆、别致的小花袄。

"真是太可爱啦!"有的小姑娘不停地抚摸着小狗,简直是爱不释手,小狗也欢喜得满屋撒欢,真是其乐融融。

旅客们跟这两只可爱的小狗合影留念,这是对孩子们闯关成功的奖励,也是延续学校每年为孩子们与贺岁吉祥物拍合影的约定。学校采用这种形式,表达对孩子们完成一学期学习的祝贺与祝福。

每个蜜瓜在紧张的知识挑战之余,可以去亲身接触小动物,这是多么开心的一件事情啊!你看,孩子们的眼睛里闪烁着喜悦的光芒,心里也一定涌动着甜蜜和幸福。

旅伴们依依不舍地告别了可爱的狗狗,带着自己的拼图与春联作品来到甜蜜影院。

门口摆着一个开口的箱子——怎么,还要闯关吗?还是说有惊喜等待着他们?

细细端详，上面写着"甜蜜宝箱"。

"祝贺你成功来到终点站，可以从甜蜜宝箱里抽取自己的甜蜜礼物啦！"老师笑眯眯地说。

"是棒棒糖！"嘉瑞抢先一步抽了出来。

菠萝味、草莓味、西瓜味……新的一年将会以什么味道开启呢？

得到甜蜜礼物的小蜜瓜们快速且安静地坐到观影席上，品尝着棒棒糖，观看老师精心挑选的迎新贺岁大片《爱宠大机密》，体验梗犬麦克与纽芬兰犬杜老大从素不相识到生死与共的探险之旅。影片中，两个主角完成了从宠物狗到敢于直面危机的勇士的转变，孩子们从而了解了各类宠物形形色色的生活状态以及它们纯真的友情。小蜜瓜们随着剧情时而捧腹大笑，时而神情紧张，影片结束依然意犹未尽，脸上都洋溢着愉悦和幸福。整个观影过程轻松温馨，甜蜜爆棚。

这一学期的学习旅程结束了，他们期待着更加欢乐、崭新的学习之旅。

这场有趣的考试让学生沉浸其中。糖果班家长吕海霞说："这样的形式很特别，孩子考前不再感到紧张、害怕，反而非常开心和期待。"

小水滴班家旭自豪地说："这是世界上最好的学校，我想天天来上学！"

"佩奇一家"去做客

（2019年1月11日）

"小狗你好，这是我亲手为你制作的春联！"

"谢谢你，佩奇。我们也为你准备了一顿丰盛的大餐！"

"我们做出了香喷喷的骨头！"

"我们做的是一条美味的大鱼！"

112　遇见最美的四季——新童年教育纪实

2019年正逢猪年，所以这一年的一年级期末闯关以"佩奇一家去做客"为主情景。这次的活动不仅把传统文化融入其中，还将原来的单项闯关游戏与各学科知识巧妙融合。孩子们扮演情境中的角色，在真实的情境中通过团队合作，用所学的知识去解决一个个实际问题，身临其境，体会做客和待客的礼仪。

新春将到，有客到访，当然要装饰一下房间，喜庆气氛不可少。全年级8名老师和92位"小爱娃"满怀喜悦地创作了100个"福"字，一面喜气洋洋的"百福墙"在他们的大客厅诞生了。

"百人百福，新的一年福气满满！"把这最美好的祝福带给小伙伴们，是大家共同的心愿！

1月11日这天，全年级的"小爱娃"都戴上了自己制作的头饰或面具，变身小猪佩奇和他的小伙伴，穿越进童话世界。他们带着智慧与勇气，乐观与自信，一路克服重重艰难险阻，最终实现了梦想。

"小爱娃"会面临哪些挑战呢？他们的闯关之旅还顺利吗？"小爱娃"又有怎样的表现呢？相信大家已经迫不及待地想知道答案了，现在就到活动现场一睹为快吧！

快来看，佩奇一家在忙着做什么呢？

"今天我们要去小狗、小鸭和小猴家做客，我们应该准备点什么呢？"猪爸爸发愁地说。

百福墙

小爱娃戴上自己制作的佩奇头饰

"我们去买点水果吧。""小狗爱吃骨头,我们去买点骨头吧。"小猪佩奇和乔治抢着说。

"马上过年了,要不我们给他们每家做一副春联吧。"猪妈妈想了想说。

这是个好主意,在一幕情景剧之后,角色闯关正式开启。

佩奇一家领到了一个红包和一份用汉语拼音写下的制作说明。

一家人赶快忙活起来,猪爸爸测量、划线,猪妈妈剪纸,小猪佩奇和猪哥哥乔治很快合作完成了一副诗词春联——礼物准备好啦!

镜头转换,这边的"小爱娃"变身小猴一家——

猴姐姐着急地说:"弟弟,一会儿佩奇一家就要来做客了,今天妈妈不在家,我们给他们准备一份什么礼物呢?"

猴弟弟想了想说:"要不……我们给他们写一个祝福贺卡吧。"

"好啊,好啊!"猴姐姐拍手称赞。

于是,猴姐弟们投入地写起贺卡来。

"佩奇你好,希望你们一家快

阅读制作说明

终于拼好啦!

到鸭哥哥家做客

快乐乐……"一句句祝福的话语从爱娃们的笔下流出。虽然他们会写的字还不多,但是他们有秘密武器——拼音。在拼音的帮助下,一张张祝福贺卡暖人心田。

镜头又转到小鸭家——

"咚咚咚,咚咚咚。"

"鸭哥哥在家吗?"

"来了,来了,佩奇你好,欢迎你们的到来!"

"你好,鸭哥哥!很开心来你家做客,这是我们送你的春联。"

"谢谢你们的礼物,快请坐,这是我们亲手制作的祝福贺卡。"

在你一言我一语中,很快便到了吃饭的时间。

"快中午了,我们应该吃点什么呢?"

"对了,妈妈临走时给我留了卡片,让我吃饭时看。"

竟然有这么多卡片!

"咱们看看把它们拼起来是什么。"

咦?卡片上写着各种各样的算式。

小鸭和佩奇两家迅速做起题来。最后将答案拼起来,原来是一条美味的鱼啊!

共享过美味的菜肴后,鸭哥哥突然想起,鸭妈妈还留了一张纸条。鸭妈妈给我们写了什么呢?哇,鸭妈妈还特意用的拼音呢!大家一下就读懂了鸭妈妈的意思。

原来,小鸭家挂着好多相框,鸭妈妈想考考我们能不能明白图片的意思。

看着一张张图片,佩奇好奇地说:"我先来试试吧,我选这幅。它的意思是:

草地左边有 3 个蘑菇，中间有 4 个蘑菇，右边有 2 个蘑菇，草地上一共有几个蘑菇？用加法，3+4+2=9，一共有 9 个蘑菇。"

鸭弟弟一看，说："太简单了。我也要来，我选这一幅。它的意思是：体育室一共有 8 个足球，同学们借走了 2 个，还剩几个？用减法，8-2=6，还剩 6 个足球。"

……

欢声笑语中，每个人都根据图片编了一个算术故事。

鸭妈妈回来了，邀请大家一起去看电影。可是电影院好远呀，需要经过丛林中的独木桥，跳过云梯，穿越层层障碍物，才能得到甜蜜剧场的入场券。

这可难不倒大家。佩奇和小鸭、小狗跟爸爸妈妈、兄弟姐妹互相鼓励，穿越重重关卡终于来到了甜蜜影院。

太令人高兴了，剧场中还有宝箱。宝箱里藏着什么呢？哇，是我们最爱的棒棒糖，边观影边吃糖，好不惬意。老师常说"只要努力，就会有收获"，大概就是这个意思吧。

根据图片编算术故事

跳"云梯"

秋去冬来，"小爱娃"们在爱都度过了充实的每一天。他们从零开始，一步一个脚印，快乐又美好，安静而蓬勃，一直走到一学期的尾声。在这种有体验、有挑战、有合作的闯关中告别入学以来的第一个 136 天，别有一番意义和情趣。成长不是一个人的奋斗，每一个孩子都是幸运的"小猪佩奇"。

相信在未来的日子里,"小爱娃"们在我们这个"爱的部落",定会越走越好,越走越远。

米妮、米奇过大年

(2020年1月10日)

在庚子鼠年即将到来的这个冬天,一年级的小朋友也迎来了他们进入小学的第一个学期的休业仪式。一年级的老师们精心策划,让孩子们在益智、有趣的闯关游戏中愉快地迎接新一年的到来。

整个闯关活动延续了以往的生肖主题,融入"米妮""米奇"这些孩子们喜闻乐见的卡通形象。每个孩子都戴上了可爱的"米妮""米奇"头饰,开启了热热闹闹的"米妮、米奇过大年"——闯关采集年货活动。

孩子们在出发闯关前,每个人都从老师手里领到了一份闯关说明书。整个说明书完全由拼音写就,这既是为了照顾一年级小朋友们的识字水平,更是为了考验孩子们在一学期里练就的拼音能力。闯关的考验从领到这份说明书时就开始了。小朋友们需要独立阅读完成,然后以六人为一小组,按照闯关说明书上的要求,向着每一个关卡勇敢进发。

每一个关卡的终点都设置"年货大厅",来闯关的"小老鼠"手中拿着早早准备好的小篮子或小背包,预备装年货。每到一个"年货大厅",只要通过了此关考验,就可以从守关老师那里领到相应的年货奖励。奖品既丰富又实惠,有花生、红枣、饼干、糖果等。校园中处处充满了过年的气息,孩子们从这次活动中极为真实地体验到了过大年、采买年货的情景。

一号关卡是独木桥,考验的是孩子们的运动能力,要在这里领到"年货"可不容易呢!活力满满的"米妮""米奇"们兴致勃勃又小心谨慎地从一端走到另一端，篮子和小包挂在手腕上晃晃悠悠。他们张开双手充当自己的天然平衡木，嘴角掩饰不住地翘起来，不知是兴奋还是紧张，连小眼睛也忍不住瞪得溜圆，生怕一不小心失脚跌下去。在一旁围观的队友压低了声音喊加油，既怕打扰到伙伴，又不能失了自己小队的气势。也有运动天赋极好的"小飞鼠"，三步并作两步，还没等看清人，就已经顺利通过。不论怎样，大家都有惊无险地通过了平衡木，成功地来到了守关老师的年货摊前。在这里，"米妮""米奇"们还要用所学的数学知识，按照闯关说明上的要求，数出相应的年货数量，才可以成功把它们带走。

可爱的米妮、米奇头饰

二号关卡是艺术甜品屋，这里考验的是孩子们的艺术表演和动手创作的能力。"米妮""米奇"们要想领到这里的年货，要先自己动手制作一款新年"美食"，才能以物易物，和守关老师交换。

提着装年货的小篮子

在这里，孩子们变身成大厨，虽然只是彩泥模型，但孩子们也要像一位真正的厨师一样，用心制作。美味的"馅饼"一层又一层，"饺子"切开还能看到各色"馅料"，足见小厨师们的真诚。美食制作完毕，孩子们在有礼貌地把美食用双手递交给守关老师的同时，还要献上歌曲一首。如此，他们才可以带走自己的年货。在这里，孩子们不仅锻炼了动手能力和艺术表演能力，而且通过与守关老师交换年货，学到了以自己的劳动换取所得。

三号关卡是文学书斋，这里考验的是孩子们所学的古文诗句和名人名言。"米妮""米奇"们从守关老师那里领到的是一些打乱顺序的汉字。过大年当然要有寓意吉祥的对联，孩子们需要小组合作，把打乱顺序的文字在红色的纸上拼成完整的对联，这样就可以成功从守关老师那里带走本关的年货了。博学多才的"米妮""米奇"们，充分发挥自己平时所学，迅速把一个个墨色汉字连词成句，每一副对联都是孩子们对新一年的满满的期待。

制作美食

等待上台走秀

"米妮""米奇"们各展所能，闯过了所有关卡，从每一个年货大厅都成功领到了属于自己的年货，篮子里满满的花生、红枣和小点心让孩子们格外开心。

最后，所有的孩子来到小剧场，进行隆重的期末庆典。一个个打扮得漂亮、帅气的小朋友，自信大方地上台走秀。各个小组默契表演，配合展示出各种奇妙、有趣的队形。属于一年级小朋友的第一个期末闯关，就在大家的欢声笑语中圆满结束了。

福牛贺岁　犇向未来

(2021 年 1 月 21 日)

听,期末的钟声又敲响了,我们的期末闯关旅程又开始了……

同往年一样,没有枯燥的试题,没有任何压力和畏惧感。本次闯关活动以"小牛向前冲"为主题,孩子们需要在"福牛贺岁"的大情景之下,带着自己的集福卡,快乐地通过一个个关卡,获取通关印章。集齐五福章,则闯关成功。孩子们都满怀期待地盼望着这一天的到来。闯关前一天,小贝壳班的家麟就缠着老师不停地追问道:"老师,老师,我们什么时候闯关呀?"

"纸上得来终觉浅,绝知此事要躬行",我们一年级的小娃娃们可不是纸上谈兵,活动正式开始。

"小牛"们分头"犇"向各个关卡,一时间,走廊里、教室里热闹非凡。

夏夏老师发现艺涵在走廊里迷路了,到处张望却不知道自己要去哪里,便教她看懂了通关地图,带她走进星辰班。教室里充斥着颇有节奏的吟诵声,原来是喜气洋洋

集福卡

"小牛对对子"

"小牛爱音乐"

的"小牛对对子"关卡。"小牛"们要从打乱顺序的词条里拼出完整的古诗、谚语。看着伙伴们投入的样子,艺涵情不自禁地被吸引,也加入其中。

一群"小牛"围在"丰收园"门前,叽叽喳喳地讨论规则:在闪现的拼音字卡中,快速、准确地读出拼音、字母或音节。还要抽取并完成语文积累运用和口语交际内容的检测。

拼音字母一闪而过,既考验拼读能力还考验注意力,要想闯关成功可不容易。"小牛"们顺利通关后,一个个激动的小脸上露出了开心的笑容。

启航教室里传出阵阵欢快的歌曲声,原来是孩子们最喜欢的"小牛爱音乐"。他们兴奋地抽出"考题",或是展现百灵鸟一样的歌喉,或是拿小手拍打着节奏,评委老师吹着口风琴伴奏。"小牛"们一个个摇晃着小脑袋,沉浸在美妙的歌声中。

"小牛爱算数"区域的气氛尤为热烈,孩子们争当小口算家。只见口算题小卡片一个个快速地闪过,"小牛"们的小脑瓜转得飞快,刚刚出现一道题目,参加挑战的"小牛"就马上说出答案，周围的孩子们欢呼雀跃，送上热烈的掌声。

"砰！砰！砰！砰！砰！"小贝壳教室正在进行"小牛爱运动"的跳绳测试。当"小牛"们在蹦蹦跳跳中完成体质测试时，五福章也集齐了。

争当小口算家

"小牛"们陆陆续续来到通关处，挑选喜欢的道具。他们戴上牛角灯，手拿红灯笼和标语牌，与福牛合影，记录当下的难忘时刻。他们在年味十足的情境中感受学习的快乐，也收获了自信和满满的成就感，更收获了新年的祝福。

比一比谁跳得多

五年来，孩子们每个学期都会参加一次期末闯关，对于每次闯关，孩子们都无比期盼和兴奋。他们喜欢这种有趣、刺激、好玩的活动，像游戏，又像探险，孩子们乐在其中，习在其中，全身心投入去体验。这类活动为孩子们提供了接近真实生活的学习环境，让知识产生意义，让学习变得更加饱满、丰富、开放、有趣，更具延展性，更能触动孩子们的内心，唤醒他们内在的感觉。通过深度参与、高度互动，孩子们收获的不仅仅是知识，更是一种探究的精神和能力。参与活动也是生活经验的积累与丰富。

期末庆典

——为每一个生命喝彩

(2017年1月12日)

开心的日子总是过得很快，仿佛一眨眼的工夫，一学期的时光就溜走了，黄了落叶，白了雪花，圆了月亮，香了梅花……

孩子们也从懵懵懂懂的幼儿成长为像模像样的小学生。为了纪念这一段缤纷多彩的童年旅程，学校准备举行一场盛大的庆典，共同见证孩子们的成长历程。这是一场包含成长叙事、生命颁奖以及童话戏剧的盛宴。

今天是本学期的最后一天，也是爱都小学的首届期末盛典，每间教室都座无虚席，大水滴、大火箭、大糖果、大鲤鱼、大火苗、大星星都赶来见证孩子入学第一学期的成长与收获。师生、家长汇聚一堂，用满满的仪式感擦亮这个重要的日子，使大家铭记这个重要的时刻。

小水滴、小火箭、小糖果、小鲤鱼、小火苗、小星星在老师的带领下细数秋月、冬雪，重温一个学期愉快的学习生活。在老师、孩子们的叙述中，在视频和图片中，一个个美好的瞬间勾起无限的回忆。

入学时的快乐、分享月饼的甜蜜、开笔礼的敬畏、小朋友们手拉手庆国庆、共度百日、

师生和家长汇聚一堂

拾秋踏雪、"做有秋天味道的沙包"……一项项有趣的课程让孩子们每天浸润在美好的校园生活中。

他们与校园、老师、同学、书、时间交朋友。他们在老师的陪伴下、教室文化的浸润下，感受到教室的温暖。课程中浸润着生活，生活中交织着课程。他们爱上了学校，也爱上了学习。丰富多彩又充满智力挑战的游戏化校园生活，让学习变成生命的享受。学习、生活、生命融为一体，形成生生不息的教育生态，寻常的校园生活变得充满惊喜与期待。

孩子们在精心准备、积极参与中体验着、感悟着、快乐着、成长着，家长们也参与着、感动着。孩子们的童年不再孤单，有家长、老师和同伴的参与和陪伴，充满色彩。他们在与老师、同学家长交往的过程中，逐渐学会认识人、理解人、尊重人，完成了从幼儿到小学生的角色转换。

回味到此，是不是应该对百忙之中抽出时间到场陪伴的爸爸妈妈们表示感谢？于是，孩子们一起面向父母诵读感恩诗，感恩爸爸妈妈的陪伴与呵护……

老师和孩子还为家长颁发了"班级大管家""水滴大天使"等奖项；小火苗们给大火苗送上了"爱的抱抱"；小鲤鱼们用自己平时闯关"挣来"的玉米粒为家长们制作了神秘礼物……感恩家长一学期的关怀和陪伴。

陪伴是最好的教育，学校期待孩子们在父母、师长的呵护下，遇见更多生命的美好。

小蜜瓜还沉浸在班级叙事的回味中。瞧，为他们量身定做的生命叙事开启啦！同时还要颁发生命奖，这可是孩

校长为家长颁奖

子们最最期待的时刻!

谈到期末,在其他学校的孩子心中,它意味着"审判"与"清算",意味着小部分孩子领奖状而大部分孩子失望而归。

在爱都,每一个孩子都会收获一份专属的生命奖,我们为每一个孩子喝彩!因为每一个生命都是独一无二的,都理应获得赞美和激励。

嘘,快来听听吧——

你就像《图书馆狮子》里面的小狮子。小狮子走进图书馆,管理员告诉了他规则,他就牢牢记在心里,与小朋友们一起安静地听故事,还成了管理员的好帮手。

每天早读,总能看到你安静读书的身影;每节课打预备铃后,你总能第一个坐好;每次站队,你也是迅速在排头的位置站得笔直。遵守规则的你,是那样可爱。其他小火箭也都以你为榜样,纷纷向你学习,使班里更加井然有序了。

"最守规则的小狮子奖"颁发给哪个小火箭呢?

你是一个腼腆的小水滴,可是在《三只小猪》的表演中,你竟然饰演了一只凶恶的大灰狼,克服了自己不爱表达的缺点,尝试具有挑战性的角色。你就像《狮子不怕打针》里勇敢的莫莉一样,勇于尝试自己没有做过的事情,遇到令自己内心恐惧的事情,也鼓起勇气去面对。

"最具勇气小莫莉奖"该颁发给谁呢?

你就像《我是霸王龙》里的小翼龙,那么温柔与善良。当曾经要攻击自己的霸王龙遇到危险的时候,善良的小翼龙却无私地帮助他,哪怕他是自己的敌人。

在我们的小水滴教室里,你也真诚地对待自己的朋友。谁的水杯落下了,你帮他拿上;甚至把自己的彩笔借给别人,而自己却无法作画。尤其是刚刚开学时,一个小水滴总是调皮地拍打你,你虽然满含委屈,但从未还手,当他的东西掉落时,你第一个跑去帮他捡起来。你说:"我们是朋友。"

是你让小水滴们发现,身边的事物原来如此美好,善良无处不在,你的宽容感动了小水滴们，也赢得了更多友情……

所以授予你"小翼龙奖"！

谁是我们班的小翼龙呢？

你就是绘本《我好生气》里面那只可爱的小兔子，总是能很好地控制自己的情绪。当生气的时候，你总是用不伤害他人的方式来发泄：深呼吸，找好朋友倾诉，做自己喜欢做的事情分散注意力……不愉快的情绪很快就被你化解掉了。

"小翼龙"生命奖　　"梅丽克"生命奖

你善良、谦逊，用积极乐观的心态去面对生活、面对学习。老师希望你可以一直拥有健康、良好的情绪并且影响到更多人。

可爱的小兔子在哪里？

你总是那么彬彬有礼，友善地对待小伙伴们，看到你，就让人想到了绘本《你别想让河马走开》里的主人公——聪明、友善的小老鼠。他用自己的办法——礼貌的语言，让河马走开了。这样的语言比狮子、大象命令的语气更具有力量。

在我们的教室里，当你发现有的小鲤鱼不脱鞋就在地毯上乱跑、打闹，你会很友善地给他们讲怎么做；上学、放学路上，你会提醒大家给叔叔、阿姨打招呼……

"最具礼貌小老鼠奖"颁发给哪位小鲤鱼呢？

每天清晨，总能看到教室里你安静读书的画面。因为阅读，你成为识字大王；因为阅读，课堂上的你思维才那么活跃。还记得有一本书坏了，你拿回家，和妈妈一起把它修补好。你就像《爱书人黄茉莉》一样，喜欢阅读，把书当作最好的朋友。祝贺你获得"黄茉莉奖"，让书继续成为你生活中的好伙伴！

我们的"爱书人"是哪位小糖果呢?

你就像一朵小小"彩虹花",善良助人、乐于分享、勇敢坚强。你把美丽的花瓣一片一片地赠给别人,同时也分享着小伙伴们的快乐和幸福。你的精彩发言、美妙歌声、优美舞姿如同彩虹一样留在大家的心中。新的一年,进步和梦想还要继续,当春天到来时,新的花朵又会在阳光下绽放开来……

大家猜一猜,我们的"彩虹花"是谁?

在小火苗教室里经常能看到你忙碌的身影。看到歪七扭八的桌椅,你总是主动上前排列整齐;看到地面上有碎纸屑,你也总是第一时间清理干净,还不忘提醒大家注意教室卫生。最令老师感动的是,当小伙伴因为身体不舒服吐在教室里,你拿起卫生工具第一个冲上前去,毫不犹豫地将呕吐物清理干净,为小伙伴们创造了一个安静整洁的学习环境。

你就像《三个怪物》中任劳任怨的小黄怪一样,相信你将凭着自己默默而执着的劳作,创造属于自己的新世界。

包班老师为每一个孩子都量身定制了一份独属于他(她)的生命奖:"约瑟爷爷奖""勇气莫莉奖""小狗胖胖奖""小鸡球球奖""小黄怪奖""小黑鱼奖"……一个个新颖、有趣的奖项名称都是包班老师根据每个小蜜瓜的特质,用精心挑选的绘本故事中的人物来命名的。随着老师诵读为每个小蜜瓜私人定制的生命叙事,小蜜瓜们不断猜测着奖项花落谁家……

"孙雨涵!"

"王徐诺!"

"猜中了!"

猜中了就由自己的爸爸妈妈亲自颁奖,爸爸妈妈为其送上祝福和神秘大礼。

有的孩子郑重地接过奖状,眼中流露出发自内心的喜悦;有的孩子控制不住地手舞足蹈;有的孩子害羞地拿书遮住了自己的脸,不好意思的眼神中却不时闪现着点点星光。

原来每一个生命都是不同的模样,在肯定和赞美中,他们才会变得更加

分享获得生命奖的喜悦

璀璨和夺目,这就是生命的光芒!

整个颁奖仪式充满神秘感,孩子和家长都兴趣盎然,充满期待。如此简单而隆重的颁奖仪式让孩子和家长体验到了收获的喜悦,成长原来可以如此之美!

在"全课程"背景下,包班老师们打破传统的评语形式,将孩子们的生活编织进颁奖词,形成每一个孩子独有的生命叙事。每一张量身定制的奖状,都写满了老师对孩子成长的赞美。诗一样的语言,或优美,或朴实,每一句话都浸润着老师的期望与鼓励,引导孩子寻找自己的生命特质,认知自我、肯定自我、激发生命潜能,明确前行的方向。

一份份精致的颁奖词满载着一个个生命的成长历程,这是一次真正意义上的成长的蜕变——是孩子的成长,更是家长和老师的成长。这是一份成长的叙事,更是一份爱的叙事……

第二学期的生命叙事变成请家长给自己的孩子写一份成长寄语,并对比孩子刚刚入学时给孩子写的期待与祝福,将学校生活与家庭生活联结,发现孩子的成长印记。

弋洋,我的宝贝,很高兴在这里我们父女两个又可以谈心、聊天了。你在爱都小学的学习生活已经满一学年了,在葛老师和张老师的悉心教导下,经过自己的努力,你成长了,这也促使我和妈妈不断进步。感谢这美好的一切。

这一年,你阅读识字,颂诗飞花;

这一年,你坚持书写,认真练字;

这一年,你不断练习,口算提高;

这一年,你勇敢发言,性格愈朗;

这一年,你广交朋友,学会分享;

这一年,你发挥特长,入选唱团;

这一年,你积极上进,班币见证;

这一年,你秋游春游,研学体验;

这一年,让爸爸妈妈发现了很多很多。

爸爸看到了你身上很多美好的东西,但也希望你能更上一层楼,比如:

不放弃,有恒心,水滴石穿;

我能行,有自信,排除万难;

让我来,有勇气,积极向前。

爸爸妈妈饱含深情的寄语令人感动,他们当面把这份肯定与祝福送给孩子时,一张张小脸充满了期待与感动……

2018年的生命叙事,老师们结合课程从"大地、海洋、星空"的角度命名:脚踏实地奖、海纳

家长给孩子们送上寄语

百川奖、星光灿烂奖……

2019年的生命叙事，老师们结合戏剧《丑小鸭》，从成长角度讲述。

2020年的生命叙事，老师们以"棒小孩"为主题寻找符合每个孩子特质的关键词。

每个孩子都有自己独有的成长足迹，因此也有独属于自己的生命奖。这是对小蜜瓜们这一个学期所付出的努力和获得的成长最美好的嘉奖，是对独一无二的生命最特别的期许。

"全课程"教育关注每一个孩子的个性发展，注重孩子的成长体验。一个学期以来，在一个又一个主题课程的浸润中，孩子们不但更好地认识了外在世界，而且更全面地认识了自己，课程赋予了他们外在与内在成长的能力与动力。

庆典最后，是孩子们最期盼的童话戏剧表演。

提到戏剧，你想到的是什么？莎士比亚，华丽的舞台，还是耀眼的灯光？

1965年南开大学创建人张伯苓在《舞台、学校和世界》一文中说："世界者，舞台之大者也。其间之君子、小人，与夫庸愚、英杰，即其剧中之角色也。欲为其优者、良者，须有预备。"

童话戏剧演出不以学习戏剧知识和表演技能为目的，而是主张学生全员参与，利用童话剧这一媒介，引导学生在排练、戏剧情境中经历表演过程，获得丰富的情感体验，认识社会、思考人生，促进学生认知、情感、人格、价值观的全面发展。

这个学期展演的是《三只小猪》，以一幕音乐剧的形式展示孩子们的收获，通过这次大型音乐剧展现孩子们的成长。

全年级192名同学，一个也不少，全部参加了表演。

为了让每个孩子都参与，老师额外设计了一些场景和角色。但是，戏剧总会有主角、配角。当然，大家都想当主角。于是，一轮轮竞选、淘汰，有哭、有笑，这些都是财富。

在戏剧老师带领下，小水滴们开始竞选音乐剧角色啦！很多小水滴都是有备而来。

先从花儿、草儿选起。随着老师的提示语，备选的花儿、草儿们时而舒展，时而蜷伏，不停变换着身姿。学过舞蹈的佳慧最先被选中，很快又选出了一朵朵花儿和一棵棵草儿。选上的欢呼雀跃，没选上的也欣然接受，愉快地投入到其他角色的角逐中。

该选房子了，大家都想当坚不可摧的砖房子，草房子和木头房子只有几个人演。在老师的劝说下，很多小水滴放弃了原本喜欢的角色，选择了草房子和木头房子。

尤其是娅淇小水滴，前一天晚上还一心想当猪小妹，妈妈还帮忙录制了视频来参选，但一听说演木头房子的人不够，便马上赶来救场。骏祥小水滴原本专门穿来了一身绿衣服竞选大树，也去救场演房子了！

竞争最为激烈的当然是主角——小猪三兄弟啦！几位扮演小猪的同学既要会演，还要会唱、会跳，即便限制条件这么多还是有八位小水滴抢着竞选。一番表演之后，四位"小猪"初选胜出，但是他们都坚定地选择扮演猪小弟，猪老大和猪老二却没人选。

"因为只有猪小弟的房子最坚固。"

"猪老大和猪老二不聪明。"

"可是他们的台词、动作几乎是一样的。"

老师劝说无果，场面一度陷入僵局……

"要不……让给家旭吧，他唱得好。"最坚持的秉言先妥协了。

"不不不，还是你当猪小弟吧，我太胖了。"

看着大家谦让的样子，老师突然想：五幕剧很长，台词很多，何不分成两组猪兄弟呢？

于是紧急召回娅淇扮演猪小妹，但还缺一个猪小弟。

此时，男孩煜祺与女孩芳睿、靖祺的旁白之争也进入白热化状态。虽然有大段的台词，但是这几位小水滴都是有着多次主持经验的诵读高手，一时间不分上下，难分伯仲。最后煜祺发扬绅士风度退出旁白，加入扮演小猪的行列。真是皆大欢喜。

最出人意料的是，大灰狼的扮演者竟然只有欣昊和

《三只小猪》戏剧表演

若轩两位最羞涩、腼腆的小水滴竞选，因为大家都不喜欢大灰狼，所以不想扮演，于是两位小演员顺利当选。若轩可是有备而来。老师课间就发现他把手涂成了灰色和绿色，还责怪他乱涂色，让他去洗手。现在才知道，他穿着灰毛衣，得配上灰"爪子"才更像大灰狼啊！

至此，小水滴不论是否选上心仪的角色，都欣欣然投入到排练当中去了。不论主角、配角，小水滴们都是好样的！

于是，在庆典的童话展演上，猪小弟们精灵可爱，不太凶恶的大灰狼气急败坏，花儿、草儿随剧情变换着表情与身姿……

"路人甲"的表演也很精彩。"大家知道我演的是什么吗？我演的是房子被风吹倒了。"孩子很投入地躺倒在地上。

大树也很辛苦。浩然特意买来翠绿的衣服，一直坚持手臂上举，胳膊都酸了却依旧忍耐着，全程保持几乎相同的姿态站在舞台上，直至演出结束。

孩子们懂得了，重要的主角，伟大的配角。不管是房子还是树，花草还是小猪，或者是大灰狼，甚至是旁白，这些角色都缺一不可。在表演中，孩子们的潜能被激发了，变得更勇于表现自己。更重要的是，孩子们在亲身参与、体验的过程中，学会了合作、谦让、退步、妥协、接受……感悟了生命的成长。

家长的心态也很平和，纷纷在群里留言——

"班里竞选《三只小猪》舞台剧角色，儿子和同学朱某某都想当猪老大。朱某某说他姓朱，儿子说'我胖胖的就像一头猪'，儿子，你是多么多么符合这个角色的设定啊！"

"儿子回来说，看到两位女同学非常想当旁白他就退出了，还恰好当了大家都喜欢的猪小弟。我说，那样就对了，男生必须让着女生，无论演什么都很精彩！"

2018年期末庆典的戏剧是《木偶奇遇记》，讲述了一个爱撒谎的小木偶匹诺曹如何成长为一个诚实、勇敢、热爱学习、不受诱惑的真正的小男孩的故事。

早在一个月以前，二年级的孩子们就在戏剧老师的指导下，练习演绎这样一个情节复杂、剧情漫长、意蕴丰厚的童话剧了！为了让每一个孩子都有表演的机会，每个班级的孩子都分成了多个戏剧小组。每个孩子都有机会去尝试不同的角色，最终竞争角色的扮演权。

角色确定之后就要过台词关。熟悉台词后，孩子们要真正开始建构自己对角色的理解，用神态、表情、动作等来填补台词中的空白。孩子们开始以一个专业小演员的视角来塑造自己的角色。

在童话剧里，小演员们经历着与自己完全不同的人生和际遇，虽不是真实的挫折和磨难，但孩子们却同样可以以这样浪漫的方式去感悟和体验生命。

剧中，小男孩匹诺曹所面临的挑战也是二年级这个阶段会面对的问题，学生会去共情。实际上，孩子们一步步理解匹诺曹的过程也是一步步理解自我的过程。

在戏剧展演中，我们看到了一

《木偶奇遇记》戏剧表演

群释放自我、敢于创新的棒小孩。

2019年的期末大剧是《丑小鸭》。

"只要你是天鹅蛋，哪怕生在养鸭场里，也没有关系；只要你渴望成为高贵的天鹅，你的心就会变得高贵，哪怕整个世界嘲笑你，你也会成为独一无二的最美丽的鸟儿。"

《丑小鸭》戏剧表演

一个学期以来，孩子们从看剧本、竞选角色、进行表情和动作的排练、练习演绎剧中人物形象，到在庆典上惟妙惟肖、精彩灵动地现场表演，他们随剧中的丑小鸭一同成长，将自己精心准备的期末大剧《丑小鸭》展演给爱他们的每一个人。

戏剧的演出谢幕了，孩子们都以更加茁壮的姿态生根发芽。我们的小蜜瓜不会为了谁去演一个主角而争执，因为他们懂得，舞台上每一个角色都有存在的意义，都很重要。每个孩子都努力地背台词，练表情，做动作……小火苗班的天舒曾因为一个动作做得不到位，流着泪反复练习，只为能在舞台上呈现出最美丽的天鹅。孩子们表演的何尝不是自己的成长历程？

《丑小鸭》这幕剧贯穿孩子们的成长，回到他们自身，使他们正确认识自己，成长为更好的自己。孩子们找出自己成长中最突出的一点变化与同学、老师、家长一起分享。

"我爱上了阅读，去超市买东西也会算账啦！"

"我喜欢上学，喜欢和小伙伴们分享我的快乐。"

"这学期我各方面都表现不错，下学期我会更努力的。"

……

一个个小蜜瓜分享着自己的成长点滴。

《西游记》剧组招聘演员

每一年,期末大剧都会作为期末庆典的重头戏不断上演。瞧,五年级的《西游记》开始海选啦……

戏剧作为一种元素,不仅仅是师生共同经历的学习生活,更是学科融合的一个载体,是"全课程"教育的一张精神名片。每一次排演戏剧,对孩子和老师来说,都是一次难忘的经历和体验。在每一部剧中,孩子演的就是自己,这是他们对平常学习生活的呈现。

一堂最普通的戏剧课程,孩子们不仅在欢乐的气氛中懂得了如何遵守秩序,能够跟着老师的教学节奏从面部表情、即兴口语到肢体充分地释放、展演,而且在这个过程中,内向、不爱表达和过于外向且秩序感差的孩子有了很好的互补行为:拘谨的孩子敢于冲破内心的防线,自信地表达;顽皮的孩子在戏剧的体验中张弛有度,规范了自己的行为。

最有效的教育是赋予孩子自我成长的能力和权利。角色体验是孩子自我发现和自我教育的有效途径。创造性儿童戏剧为具身学习提供了很好的平台，孩子用肢体表达自我、感知自我，当他沉浸其中时，会不由自主地全身心

《西游记》剧组彩排

投入，激发思维和认知的活跃性，经由角色所经历的冲突与升华，获得自我的丰富和拓展。

创造性儿童戏剧课程不是单纯的戏剧表演学习，而是融文学、美术、表演、音乐、舞蹈等多种艺术于一炉，高度强调学科融合的课程。它提供了一种完全不同于传统的学习方式，提供了更多发现自己的可能，提供了丰富饱满、充满情趣的学习生活，让学习变得有意思、有意义。

小太阳班的小D，灵活、机警，但自控力差，是班级里公认的小调皮。小J，性格沉闷，好像凡事都吸引不到他，直到那堂"充满魔法"的戏剧课，课堂的活动节奏被"巧克力老师"手里的棒棒糖样子的小鼓带动。

小D，那个被所有老师认为灵活但是自控力差的孩子，在棒棒糖小鼓的带动下，竟然能根据老师的要求，随时安静下来。还有小J，那是个经常躲在角落里的孩子，平时也很少跟小朋友、老师主动交流，竟然也能争着、抢着去台上表现自己。

戏剧课的精彩之处，不在于戏剧本身。正是戏剧课上没有是非、对错、标准的气氛，让孩子有了表现的欲望，进而让孩子发现潜藏在心底的巨大能量。每一个孩子都是极具表演天赋的演员，孩子不用像明星一样去表演，只要能用合适的方式、方法，准确地表达自己的内心，那他就是一个好演员。

戏剧课上，孩子们变成了凳子、桌子、小狗，小J选择演一张试卷，这些不会呼吸的物件被孩子们努力地演绎着。

当老师问小J："被小狗叼走的卷子啊，你在想什么？"只见小J用稚嫩的声音说："哼，这下大卫不会在我身上乱画了！"那一刻，他好像真的把自己当成小狗嘴里的卷子了，所以他才会替卷子不满。

每个孩子都是天生的演员。孩子需要的是一个自由、开放、被肯定的课堂，在这样的课堂上，孩子们才会挖掘内心深处最真实的自己，发挥自己最大的潜能。作为老师，就要给孩子一个自由的舞台！

期末庆典就是这样一个舞台，它见证着孩子们美好的成长历程，存储所有美好的时光，串联起一间教室里的所有日子，是孩子成长和进步的全方位立体呈现。孩子们用这种充满仪式感的形式告别所在年级，迎接新的年级。那些形形色色的课程，因为特别的仪式和庆典而更有温度。

虽然早已立春，
但是济南的春天仿佛还在沉睡，
一切还是冬天的模样……
孩子们天天寻找春天，
期待花仙子早些出现。

爱都之春
萌生季

你好，春天

（2017 年 2 月 13 日）

元宵节过后两天，带着春节的喜庆，踏着春天的脚步，又一个新的学期到来了。

水滴班的一熠从昨天开始就兴奋地期待回到阔别一个月的校园，她用过年收压岁钱的红包做了一个六角形的红灯笼，还精心挑选了最美的衣服，把自己打扮成一只可爱的小鸟；火苗班的嘉辰和子玉特意买了道具，把自己装扮成粗壮的大树，头顶还有一朵硕大的粉色霸王花……

1月13日一大早，同学们变身春天的小使者，把自己装扮成美丽娇艳的花

开学前一晚的一熠

儿、可爱的草儿等与春天有关的景物，一个个手提红包灯笼，迈着轻盈的步伐，从春天的晨曦中走来。校长和老师们也变身花婆婆、花仙子和春姑娘，在门口迎接孩子们回家。

咦，学校门口怎么有一盒盒的颜料？还有一大块布铺在地上！原来，这是老师们早已精心布好的一条"春光大道"！

在花仙子悦熙老师的指引下，嘉辰和子玉小心翼翼地站到颜料盒里。他们因为穿着大树的衣服显得有些笨拙，"花婆婆"校长赶快过来扶着他们。"花

140 遇见最美的四季——新童年教育纪实

装扮成春天的景物

花草草"们莲步轻挪,留下一串串五颜六色的足迹,走出了一条缤纷的"春光大道"。

孩子们擦净脚底的颜料,穿过大厅,走廊口已被装饰成了"春之门"。走进"春之门"来到教室,眼前是一道道春光。

火苗班的门帘从放假前的片片雪花换成了飘飘柳叶,其间还有一只掠过的小燕子呢!水滴班的门帘则是一串串的小葵花,烂漫而又明媚……一熠开心地提着

走出一条"春光大道"

红包灯笼走进教室，与同时进门的小水滴——不，是"花花草草""小燕子"相视一笑，一起摆了个pose，将这一有趣的瞬间定格，然后跟亲爱的"花仙子"老师拥抱、问好。老师接过他们的红包灯笼，一一挂在教室里。同学们都到齐了，喜庆的红灯笼也挂满了教室。"好精致啊！"弋洋小水滴看着头顶的红灯笼，不禁拨弄起来。老师说，在这个春天里，大家要一起装扮小水滴教室，让它跟春天一起生长……好期待啊！

带着对寒假生活的美好回忆和对美好未来的无限憧憬，春天的小使者们来到操场上，共同开启了新学期第一课"你好，春天"。

此时，他们走出的"春光大道"已经挂在了操场的护栏上。每个班级都站成一个大晨圈，"一家人"又聚齐了，大家都望着阔别一个月的彼此。

"欢迎同学们再次回到充满爱的大家庭！"主持人美玲老师早就在等待小使者们了。

"先和春天打个招呼吧！"

"你好，春天！"

孩子们的声音响彻整个校园，不仅唤醒了沉寂已久的校园，也呼唤着春天。

虽然早已立春，但是济南的春天仿佛还在沉睡，一切都还是冬天的模样……

怀着对春天的期盼，孩子们跟随悦熙老师跳起晨圈舞蹈《春天在哪里》。他们舒展手臂，

水滴教室的春天

"你好，春天"课程开启

拥抱这美丽的校园，召唤这美好的春天。

舞蹈是有魔力的，诗歌也是有魔力的。

莹莹老师带着春天的小使者们一起诵读每课例行的开场感恩诗。

我像一棵老橡树高高地站立，
我伸展开去触摸星星。
我想拥抱这个世界，
我们是一家人。
你好，春天。你好，早晨。
为金色的奶油、茶中的蜂蜜，
为水果、坚果和鲜花，生长不息；
为鸟儿、兽们和鲜花，我们每天感激。
用声音唤醒春天，用诗歌唤醒生命。

感恩春天，感恩成长的每一天……

舞蹈《春天在哪里》

戏剧《种子的一生》

在这个万物即将复苏的春天，戏剧老师娉娉带领大家用身体唤醒春天。

大家都把自己变成一粒睡在大地中的小种子，跟着春天一起成长。

小种子慢慢地苏醒了——"泥土里好黑啊！"

它好不容易舒展身体钻出了地面，忽然一阵狂风吹来，电闪雷鸣——"我要站不住啦！"

不一会儿下起了雨，雨越来越大——"我的头好沉啊！"

渐渐地，渐渐地，风雨过去了，太阳出来了，一道彩虹挂在天空……

一粒粒花种子、草种子、树种子生根、发芽、长大……他们时而沐浴着阳光舒展着懒腰，时而随风摇摆翩然起舞，时而痛苦地低垂着脑袋……

孩子们在情境表演中知道一粒小种子的成长要经历风雨，在他们的成长中也会遇到各种各样的困难，他们也要像小种子那样，勇敢、坚强、无所畏惧地生长下去，长成最可爱的自己、美好的自己。

"亲爱的小草、小花、小树们，春天的阳光、雨露围绕着你，春天的诗歌也会滋养你的心灵，让我们一起用诗歌来唤醒春天吧！"

在主持人的倡议下，每个年级开始吟诵有关春天的诗歌。

从"春眠不觉晓"到"可爱深红爱浅红"……

孩子们再一次在诗歌中感受春光，呼唤春天。

"草芽青，柳叶绿，春天是这样的美好。你瞧，大雁开始启程飞往北方，打算在春天筑一个新巢；种子在泥土之下醒来，想要在春天承接金色的阳光；树枝在风中摇摆，计划在春天开出鲜艳的花朵。2017年，你想过一个怎样的春天，让这个春天与以往不同？"

美玲老师来采访春天的小使者们啦！

"我想走进大自然去发现春天的秘密。"

"我想在春天里好好学习。"

"我想养一盆花……"

……

大家纷纷说出自己对春天的畅想。

校长也说出了她的心愿，希望孩子们在春天能播下读书的种子，收获知识和力量；希望他们可以在春天里开出最鲜艳的花朵。

一年之计在于春，种下一粒美好的种子，期待收获的快乐。让我们种下这些美好的愿望，一起期待新学期的精彩吧！

"开学啦——"

孩子们在欢呼声中，将一个个五彩斑斓的气球放飞到湛蓝的天空，如同放飞了一个个美好的期待……

最后，在《丢手绢》《编花篮》的音乐中，孩子们一起快乐地玩着游戏，用运动的身体来唤醒春天……

参加开学典礼的俊瑶妈妈说："孩子非常认真地准备春天的装扮，认为

用身体唤醒春天

自己就是春的使者,春天已经走进孩子的心中。不一样的开学典礼,处处是惊喜。"

敬荣爸爸说:"今天看到孩子特别开心,他就是那一枚要破土而出、充满生机的小种子。感谢老师的用心。"

接下来,每位小使者回到各自班级分享自己对春天的畅想,制订"春天计划",在"感受春天、热爱生命"的主题下,开始新的校园生活。

花仙子之约

（2017 年 2 月 20 日）

老师一开学就告诉孩子们："这个春天，我们跟花仙子有个约会。"大家都充满了期待。

从这周一开始，每天早上的晨圈已经从《春天在哪里》换成了《花仙子之歌》。可是，花仙子在哪里呢？节气已近雨水，但依然感受不到春的气息，更别说花仙子了。只能先到书本里找一找她的芳踪。

翻开书，原来这里有一个"花的世界"，在这里，孩子们认识了从未见过的大王花、鸡蛋花、木兰花；知道了大王花一生只开一朵花，这朵花只能开四天，虽然花儿非常美丽，散发出的气味却腐臭无比；鸡蛋花外白内黄，真的像极了煮熟的鸡蛋。孩子们还猜测，英雄花木兰是根据木兰花起的名字。

孩子们知道了花有雄雌，还学会了分辨雄蕊、雌蕊，看孩子们描写得像不像——

雌蕊像一个可爱的小鸟巢；

雄蕊像一个香喷喷的玉米；

雄蕊像一个缩小版的菠萝……

一篇篇有关花的诗文映入眼帘，孩子们开心地朗读着一篇篇优美的文章，在诗歌中欣赏花美，在阅读中感受花香，在绘本里感悟生命的绽放。

孩子们跟着"根娃娃"倾听冬芽的歌声，跟着 999 个青蛙兄弟唤醒还在冬眠的小动物，跟着玛库和玛塔一起遇见春天，跟随小蜜蜂跌进甜甜的蜂蜜……

我们知道了每一朵花儿都有盛开的理由。

146 遇见最美的四季——新童年教育纪实

了解人民币背后的印花

一次性纸杯花朵

最后用一场飞花令，诵出诗中的"花"吧。

"竹外桃花三两枝，春江水暖鸭先知。"

"黄四娘家花满蹊，千朵万朵压枝低。"

"人闲桂花落，夜静春山空。"

"夜来风雨声，花落知多少。"

同学们都太厉害了，争相回答，飞花令进行得好紧张啊！

花仙子在哪里呢？

找啊，找啊，什么，花仙子在钱币上？

原来钱币上有那么多我们平时不曾发现的秘密。

纸币、硬币，五角钱、一元钱、五元钱、一百元钱的背面真的都有花。这些人民币上的花分别是什么呢？

梅花、菊花、兰花、水仙、月季……嘘——学习结束，回家考考爸爸、妈妈吧！

花仙子无处不在，瞧，她来到了小朋友的美术课堂上！

看，小小的五颜六色的扣子可以组合成一朵朵美丽的花儿；吸管和颜料能吹出一朵朵随性绽放的花儿；一次性纸杯也可以做出漂亮的花朵哦！

每一天，从晨诵开始，孩子们就走进春天、感受春天、触摸春天，每节课都洋溢着花香！

当然，真正的花仙子还是在大自然中哦！可是，今年济南的春天来得格

白玉兰发芽了，孩子们惊喜地奔走相告

外晚，孩子们天天寻找春天，期待花仙子早些出现。

盼望着，盼望着，终于有一天，窗前的玉兰冒出了几颗毛茸茸的小芽苞！孩子们惊喜地奔走相告！

从此，每天的晨诵就多了一个跟窗外的玉兰花打招呼的环节——

你好，春天。你好，玉兰。

为绿色的草芽，紫色的玉兰；

为水果、坚果和鲜花，生长不息；

为鸟儿、兽们和鲜花，我们每天感激。

从此，每节课间都会看到一群孩子围着玉兰树高兴地讨论；操场上，几个孩子趴在树下兴奋地比画着；花坛边，几个男孩边议论边往本子上写着什么⋯⋯

那是他们在细心观察，寻找春天的足迹，倾听嫩芽生长的声音⋯⋯

趴在树下仔细研究

芳睿和靖祺个子高，眼睛最亮，每次都有新发现："快看，快看，这里又多了一个小芽苞！""那个芽苞比昨天更大了！"

秉言和徐诺、李昂一下课就跑到树下，用画笔记录下芽苞每日的不同，创作写绘日记……

一天又一天，终于，第一朵紫玉兰鼓起了花苞，操场上也有了萌发的小草芽，孩子们该如何深入观察、了解这些美丽的花仙子呢？

一份"花仙子学习单"应时而生啦！孩子们人手一份学习单，去探寻花仙子的秘密。

花仙子学习单

花仙子，我们来了！

（2017年3月5日）

今天是惊蛰，地下蛰伏的小虫蠢蠢欲动，济南的春天也正式复苏了。虽然爱都校园里的玉兰花仙子们还"犹抱琵琶半遮面"，但是和煦的春风已经吹出了护城河边柳枝上的点点鹅黄，吹开了植物园里众多花仙子的笑脸。

瞧，爱都小学的花仙子寻觅之旅就在这春暖花开的日子里开启了！

小鲤鱼们手拉手走进小区，小糖果们走进泉城公园，小水滴们走进雪野湖风景区——小伙伴们一起走进春天，赴一场与花仙子的约会，寻觅他们心心念念的花仙子们。

小水滴们来到雪野湖畔的花博园，置身花的海洋。见到真正的花仙子，大家都好开心啊！

"快来看，这不是我们书上的大王花吗？"

"真的啊！快来闻闻是不是真的

走进泉城公园，寻觅花仙子

"你看，这朵花像不像一个红灯笼？"

很臭啊!"

"亚腾,我们数一数这朵花有多少花蕊。"

"老师,这个细细长长的是雄蕊。"

"这朵紫色的花就像一只仙鹤一样,真漂亮啊!她叫什么名字呢?"

"我们去看看花的名牌介绍吧!"

一个个袅袅婷婷的花仙子仿佛在说:"我是美丽的花仙子,我有很多的秘密哦!你要用心观察我,才会获得我所有的魔法能量。"

而孩子们也真的像被施了魔法一样,徜徉在花丛中。孩子们来往穿梭,聚精会神地数花瓣、找花蕊,在花仙子学习单上画出一个个花仙子的模样,记录自己的发现。孩子们全然不像平日春游一样撒欢奔跑、嬉戏玩耍,那手拿夹板、神情专注的样子,像极了一个个认真研究的科学家。

从花仙子王国畅游归来,孩子们纷纷为花仙子代言,向大家介绍自己最喜爱的花仙子。

小鲤鱼们还头戴花环,身穿拓印了鲜花图案的自制礼服,扮成花仙子的模样,来了一场花仙子大秀。大秀上真是百花争艳。最后,孩子们跟美玲、芬芬两位"花仙女王"一起喝菊花茶、吃玫瑰花饼,品一场全花宴,好不惬意!

子越妈妈说:"孩子回家告诉我很多关于花的知识,有些我都不知道。希望孩子能一直保持对万事万物的研究兴趣,这对他的成长太重要了。"

花仙子们的大合照

我的花仙子

（2017年4月3日）

"老师，老师，我们能不能种出自己的花仙子呢？"研学归来后，孩子们就发出了这样的呼声。

"当然可以啊！不过'清明前后，种瓜点豆'，要耐心等待哦！"

孩子们掰着手指头算日子，终于等到了这一天。

播种下一粒种子

老师早就准备了各种各样的花种子，上周五发给每人一包。

若轩利用周末两天，跟爸爸、妈妈一起查找自己即将播种的花的相关知识，了解它的习性、特点，并创意制作出所种花的花仙子名片。妈妈买来花盆，想拆开花种子跟他一起播种，他连忙阻止说："不能开封，周一还要带回学校呢！老师教给我们种。"

今天一早，孩子们带着自己的花种子、花名片和百家土来到教室。

科学老师来教孩子们种花了。老师把百家土倒入三个大花盆，每个花盆倒满三分之二，浇上水，等水渗下去之后，就开始撒种子啦！

若轩按照老师教的步骤，在花盆里均匀撒下自己的花种子——不能太密，不然长出花仙子后就太挤了。随后再盖上一层薄薄的、细细的干土——土太厚了也不行，小种子发芽太慢了，会好久都长不出来的。

"我种的是太阳花，她喜欢晒太阳。我盼着她们能快点长出来。"若轩介绍过自己的花仙子后，在花盆边郑重地插上了他的花仙子名片。其他小水滴也都依次种下了自己的花仙子。

最后，再用喷壶喷上一点水，让种子保持湿润。"可不能用盆浇，会把种子冲进土壤深处，改变种子原有的位置。"老师说。

师生齐心协力播种下种子

小火箭、小鲤鱼、小糖果、小火苗、小星星也都在各自班级进行了种植。每人剩余的一半种子，孩子们会按照学习的种植方法，拿回家里种下。

若轩种下太阳花种子以后，每天早上第一件事就是去看看他的花仙子发芽了没有，然后放下书包去浇水。

为种子浇水

老师设计了一份《观察日记——我和小种子的悄悄话》模板，让孩子们想象种子在泥土里的变化，观察、记录种子发芽后的样子。若轩还画了很多花仙子生长变化的样子，并配上文字：希望我的小花快点开！

孩子们满怀期待地精心照料着未曾谋面的花仙子，每天为她浇浇水，带着她们晒晒太阳、通通风。

在静静等待种子发芽的这段时间里，孩子们不甘寂寞，又在老师的指导下水培起了白菜花。一棵白菜心浸泡在小碟、小碗里就能开花吗？起初，有些家长都半信半疑，但是孩子们深信不疑，当起了护花使者，每天换水、观察、写绘，眼见着一个个小米粒似的花苞绽放出一片金黄……

几乎与此同时，一粒粒在泥土中奋力向上的小种子终于破土而出啦！

"我的花仙子发芽啦！"平日里最贪玩的硕宁和利棣最先发现了"新大陆"。

从此，他们陪伴着小芽一天天长大，用写绘的方式默默感受和记录着花仙子的生长变化，为她结蕾、绽放而欢呼，为她叶黄花落而悲伤……

孩子们的观察日记

你看，他们时而聚精会神地凝望着小芽发呆，时而俯下身子倾听叶的低语、花的呢喃，轻轻触摸着叶片上清晰的纹路……

教室的窗边成了孩子们一下课最喜欢来的地方，他们一起发现春天、发现美好——

"我的幸运草又长高了！"

"我的紫苑花又开了一朵！"

"我的蝴蝶花真的像一只彩色的蝴蝶呢！"

花盆里还出现了一只不知哪里来的小蜗牛……

小小的花盆每天都会带给孩子们无限的惊喜。

孩子们把春天请进了每一间教室，每个窗台都是一片春光，处处都是春天的盛景……

你好花仙子，再见花仙子

（2017年3月20日）

天气一天天暖和起来，玉兰垂暮，早樱初绽……校园里的花越来越多，红的、粉的次第开放……花儿喧嚣了校园的角角落落，孩子们也笑靥如花。

为感恩绿叶、红花，他们每天晨诵前都要跟教室内外的每一棵花草问好，也会不舍地跟落幕的花仙子说再见……

他们每个课间都要去小操场、后花园寻觅芳踪，看看哪里又多了一个花仙子，原来的花仙子又有什么新的变化，颜色深了还是浅了，花瓣被风吹落了没有……

向花儿问好

一草一木总关情，孩子们因花开而喜，因花落而悲。

所以花谢时分，小水滴们会一起吟诵《五岁咏花》《己亥杂诗》，虽然"花开满树红，花落万枝空"，但是"落红不是无情物，化作春泥更护花"，孩子们懂得了生命的延续与传承！

"我们怎样留住这些美丽的花仙子呢？"

在操场寻觅花仙子

"拍照。"

"把他们画下来。"

"可以像之前做秋天味道的沙包一样,把落下来的花敲拓下来。"

孩子们捡拾来树下的落叶、落花,让树叶、花瓣与古诗相伴。他们把彩色卡纸剪成自己喜欢的形状,并写下诗句,用树叶、花瓣装点,老师再帮他们用压膜机小心地封存起来,做成精美的书签、标本画,悬挂在教室里,成为一道道春光……

不仅书签里有春天,手帕上也有春天——各种各样的树叶和落花经过孩子们敲拓染,在纯色布上留下一片片叶迹、印出一朵朵花影……

教室里传出有节奏的敲击树叶、落花的声音,还有孩子们的欢声笑语,他们创造着惊喜和创意。

　　火苗班的作品最为精致，他们把春光、花影留在了手提袋上，还用热熔技术把花瓣热熔到竹片上，做成精美的竹简书签。

　　此时你若走进爱都大厅，春天的气息就会扑面而来，一幅幅落花制作成的标本画、一张张用花瓣装点的书签、一块块敲拓染出的富有春天气息的手帕挂满整个走廊。用彩泥和树枝创意制成的一棵棵绚丽多彩、生动形象的"树花"，让人仿佛进入了世外桃源。

　　从发现、融入到体验，这个春天，孩子们用自己的双手将春天定格在美丽、独特的作品里，用独有的方式留住花仙子、留下春天。教室内外、校园内外融为一体，孩子们和春天融为一体……

精美的花仙子书签

如世外桃源般的走廊

红包灯笼和猜谜大会

（2018 年 3 月 4 日）

元宵节刚过，浩然提着他亲手用点心盒制作的小灯笼来报到啦！还没踏进楼门，他就听见走廊里热热闹闹的说话声。转过大厅，走廊里熙来攘往、人头攒动，各式各样的灯笼挂满了走廊廊顶。

这些灯笼材质不一——有用压岁红包制作的，有用塑料瓶改造的，有用彩纸糊的，还有用酒盒子拼成的；大小形状也不同——有的大如西瓜但棱角分明，有的小如苹果又圆圆滚滚，还有的四四方方、规规矩矩；颜色样式各异——正红的、粉红的，有的带灯穗，有的四面用筷子支棱着。这些灯笼各有特色，每个灯笼下面都悬挂着一个灯谜。

张灯结彩的走廊

有的同学正在骄傲地和同伴"炫耀"："这是我做的灯笼，灯谜可是很难猜出来的。"

"快过来，快过来，'三水压倒山'是什么字？"一位同学兴奋地拿着手里的谜面和同学们商量着。

"这个真简单，'一口咬掉牛尾巴'不就是'告诉'的'告'嘛！我猜出来了！"凌雪手舞足蹈地和同学们说着。

浩然赶紧把灯笼交给老师，跟同学们猜谜去了。

开心地猜灯谜

又是一年春来到，今年元宵节，孩子们依然制作了红包灯笼，大家上学期在美术和综合实践课上学习了新手艺，很多同学亲自设计并动手制作了多种形式的花灯。瞧，一个个玲珑可爱的花灯在一双双灵巧的小手里诞生了！

赏花灯是元宵节的有趣习俗，古时候的人们尤其喜欢在这一天出门，数灯赏景，猜谜联诗。于是，今年孩子们搜集了各式各样的谜语，端正地把字写好，挂在自己的花灯下面，模仿起古时文人墨客赏玩花灯的文雅而有趣的游戏。孩子们还精心准备了小礼物，准备送给猜出自己出的谜语的同学。

孩子们和老师一起将小小灯笼挂在廊顶。一个个用心制作成的灯笼连成一线，成为一道靓丽的风景线。

走廊里挂满了孩子们的"谜语灯笼"，大家穿梭在灯谜丛中，欢声笑语，流连忘返。

同学们三五成群，或凝神苦思，或议论纷纷，或神采飞扬。有的驻足在一个灯谜前，反复琢磨谜底，有的开开心心地拿着已经猜出的谜语去找出题人兑换奖励，和同伴一起分享成功的喜悦。教室里其乐融融。

你看，嘉莹和才焜这一对小伙伴还争论起来了，可以说是"面红耳赤""热火朝天"了。

"我觉得这个'上下一体'谜底应该是'十'，上下都一样！"才焜说道。

在一起开心地猜灯谜

"不对，上下两个字组成一个字，应该是……"嘉莹说着说着还比画了起来。嘉莹正在愁眉苦脸的时候，一个声音在旁边响起。

"是'卡'字。"子慧小声嘀咕着。

"对，就是'卡'！"说完，嘉莹和子慧两人击掌庆祝，并兴奋得跳了起来，随后转过身向才焜做了个鬼脸。

"真的是呢！"才焜口服心服的样子，有趣极了。

同学们在赏花灯、猜灯谜的同时，与小伙伴们一起感受传统文化的浸润，真实地体验了传统节日的乐趣，更是在这种打破班级划分的交流当中，增进了感情，学会了团结、合作解决问题。他们享受其中，也被彼此"看见"。

我的自然笔记之旅

(2018年3月5日 惊蛰)

今年开学比较晚,已是三月了。正值惊蛰时分,每一个角落都蕴藏着春天的气息,它带着盎然生机,欣欣然涤荡着每个人的心灵。尤其是孩子们,这群大自然的精灵,他们那细腻、柔软的心灵总能快速捕捉到春的信号、春的呢喃。

迎着春风,孩子们奔向了春天,用手触摸植物变化,用耳朵倾听春天的声音,用鼻子嗅一嗅春天的气息,用皮肤感受春风的和煦……

"今天这么暖和啊,我都不用穿羽绒服了。"

"快来看,这里有一只小虫子在爬。"

"看,树下面的小草发芽了。"

"为什么到了春天,小草就发芽了?"

"为什么小动物们在春天都苏醒了?"

孩子们对大自然的变化,有着天然的好奇和探索的欲望。当一个个问题在走廊"谈话树"碧绿的树叶上留下印记,孩子们和春天的约会也就开始了。

孩子们来到校园中,抬起头感受温暖的阳光,小心翼翼地捧起一朵小花,嗅那一缕清香。他们还带来了一株自己最喜欢的植物,观察它们在春天朝气蓬勃的样子,感受自然的生机,寻找春天。

春天是什么样的呢?是泥土中苏醒的种子,是冒出小芽的柳枝,是碧绿的草地,是叮咚的泉水……这是大自然的画作,孩子们也用画笔描绘出了他们眼中的春天。

彩泥塑造"我眼中的春天"

春天还是什么样的呢？是黄的迎春、红的桃花、白的梨花和缀在树上的绿叶……那是"根娃娃"的杰作。大地之下，呼呼大睡的根娃娃们被大地妈妈唤醒，开始了他们忙碌的一天。根娃娃们要为大地做新衣服，他们舒适地坐成一圈，又剪又裁，边工作边唱着春天的歌谣。孩子们用戏剧演绎着根娃娃的故事，也用彩泥塑造出了花样的春天、彩色的世界。

就这样，春天走进了孩子们的眼中，也走进了孩子们的心里。

在春天悄悄向我们走来的时候，二年级的春天课程也开始了。

"孩子们，你们已经是二年级的小学生了，不能再只用写写画画的方式留住春天了，我们学习做自然笔记吧！"

"什么是自然笔记啊？"

"自然笔记就是——"

别急，我们先来看看做自然笔记需要准备些什么。

"首先需要一个硬皮的本子、一支铅笔、一盒彩笔，还要准备卷尺、直尺、放大镜……有家人陪伴时，如果能准备一个相机或者手机，那就更完美了。"

"啊！还要用尺子、放大镜？"

那……它是一篇科学笔记吗？

——是，又不是……

是一篇观察日记吗？

——是，又不是……

是一份美术作业吗？

——是，又不是……

那么自然笔记到底是什么呢？

其实啊，把你观察到的小动物、小昆虫、花花草草都画下来，画得越细致越好；再把你观察的、测量的、看到的、听到的、闻到的、触摸到的都记录下来，就是一篇非常真实的自然笔记了。自然笔记就是认真观察大自然后进行的细致记录，是既有图画又有文字的，每天都不一样的充满趣味的创作。如果你能够很多天持续观察一种植物或者动物，就会发现很多的小秘密哦！把你的自然笔记制作成一本书，再用你的名字给这本书命名，这就是你的著作啦！是不是很棒呢？快快行动起来吧！

初春到来之时，冰雪刚刚融化，春草刚刚抽芽，遥望玉函山"草色遥看近却无"，小蜜瓜们在老师的带领下，仔细地寻找春天的蛛丝马迹。他们走进大自然中发现春天、观察春天、记录春天。

大自然对儿童有着无限的吸引力。小雨中的嬉戏、路边的驻足、树下的仰望……这些均是他们兴趣使然。他们和植物"对话"，仔细观察植物的生长，聆听昆虫的发声，用肌肤真切地感受冬春的交替……

深深着迷于探索大自然

川茗聚精会神地盯着一棵小草，佳美激动地拉着晓冉去看自己的新奇发现，安辰用小手小心触摸着嫩芽的叶脉纹路。

秉言和越鑫一下课就去树下寻找小昆虫，放学也不回家，先在小区里与虫虫们嬉戏一番，即便惹得爸爸妈妈一肚子不高兴也乐此不疲。一个个专注又坚持的"小法布尔"诞生了。

春光明媚的操场、鸟语花香的山体公园、生机盎然的校内植物园都成了孩子们的观察记录场所。这里回荡着对每个新奇发现的奔走相告声，记录着每张因为喜爱而执着认真的脸庞。

在老师们的带领下，一篇篇真实、有趣的自然笔记诞生了。

孩子们选择了自己感兴趣的植物，认真地记录它的形状、颜色、气味、生长特点……有应季的桃花、杏花，有常绿的冬青，还有初春时节刚刚冒芽的玉兰花树。孩子们有的记录每日新鲜的春日景象，有的记录惊蛰而动的昆虫，有的准备持续记录一种植物的生长过程……他们用一篇篇自然笔记记录春天，留下春天的印记。

各个场地都成了孩子们的观察场所

用尺子量一量

孩子们第一次写出来的自然笔记，有的只有图画和景物名称，有的虽然有文字但只有寥寥几句。子健画的大树枝繁叶茂，可明明现实中树枝上只冒出了一点点小芽……于是，萍萍老师跟孩子们说，自然笔记一定要真实，看到什么就画什么、写什么。

"怎样才能具体地描述自己的观察所得呢？冒出的小芽大约是多长、多大呢？"

"矮小的植物可以用尺子去量一量茎的高度、嫩芽的长度，看一看比上次观察时长了多少；也可以观察一下植物的颜色，对比上次观察时颜色深了还是浅了；还可以去数一数树上的花，每天大约又开了多少朵……"

"请同学们开动自己的小脑筋，用多种方式进行观察、对比。在制作自然笔记的过程中，希望同学们能像植物学家一样去观察，像数学家一样去测量，像画家一样去描绘，像文学家一样去创作，完成属于自己的自然笔记。"

自此，每次做自然笔记，测量工作也自然融入其中，数学学科的学习就这样自然而然地发生了。

小芃拿出尺子测量绿萝藤蔓的长度——哇，已经快一米长了！

川茗发现连翘花和迎春花相似，但经过仔细对比发现，它们的颜色深浅不一，花瓣的片数也不同。

家旭发现多肉植物熊童子的叶片真的就像小熊的爪子一样，铺有一层细细的绒毛，摸上去也毛茸茸的，尤其是叶尖的红色部分，就像小熊的指甲。家旭用放大镜一看，它简直就像一个肥肥的大熊掌。

朔宁则在他家的石竹花盆里插了一根牙签，用来标记石竹每次生长的高度。

孩子们把这些植物的特点一一记录下来，小小的记录本成了孩子和绿植的成长手册。课余时间，孩子们经常聚在一起，交流种植的心得，分享彼此的自然笔记。子腾说，他看到仙人球的第一眼，就想到了毛茸茸的线团，特别可爱。但是当他走近却发现，仙人球上竟然是一根根硬刺，幸好没有去摸。他的仙人球真是既可爱又调皮。

孩子们在阅读《木木的昆虫日记》时，不仅学习了规范的日记体格式，更潜移默化地感受到木木的质疑精神和探究精神。

小木木在3月14日的日记中说："昆虫是不是也得撒尿呢？昆虫也有厕所吗？我一定要弄清到底是怎么回事。"3月15日，小木木在日记中写道：

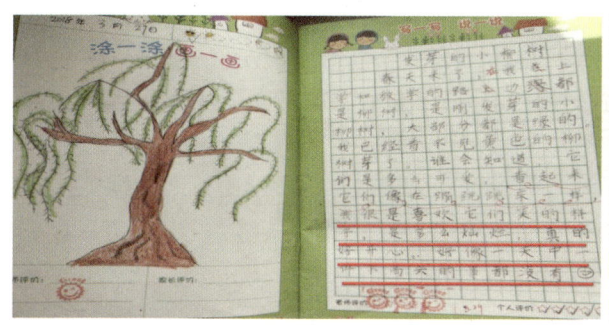

自然笔记作品

"原来昆虫也会撒尿的。""原来昆虫没有厕所啊!"于是,孩子们的自然笔记中也开始出现"明天,它会是什么样子呢?我一定要早起去观察它!"等类似的话。木木在日记中用天气表达情绪,学生们也学着用天气表达情感,还给天气符号画上了表情图。

从"绿柳才黄半未匀"到"树头花落万枝空",孩子们的自然笔记也从春记到了夏。从内容的编制到封面的设计,一本本独属于他们自己的自然笔记诞生啦!

一本自然笔记将春天的美好收集起来,让2018年的春天在每个人的心间弥漫香气,并随着孩子们的成长在笔尖绽放。

当然,春天的故事未完待续……

青青园中葵

（2018年3月21日 春分）

自然笔记已经成为孩子们每天的必修课，校门口的青葵园不仅是他们观察的好去处，也是他们的种植基地。春分这天，孩子们在这里播下西瓜种子——

三月中下旬，播种育苗。

三月下旬，西瓜开始萌芽和展叶，应进行灌水，量不宜过大。

四月中旬，叶片大量生长，西瓜进入开花期，需水量较大。

四月下旬至五月下旬是西瓜盛花期和果实膨大期，是西瓜生长过程中需水量最大的时期。

五月上旬，采收头茬瓜。

六月上旬，采收二茬瓜。

孩子们通过网络搜索，了解西瓜养护的要点，并写出自己的《蔬菜种植可行性报告》。

园丁李爷爷带领大家认识了几种农具，了解农具的作用后，他便带领同学们到青葵园的小实验田中体验种植的乐趣。李爷爷先示范锄头的用法，再手把手教给孩子们。

播种西瓜

孩子们观看老师和李爷爷播种

孩子们在青葵园中观察

孩子们一脸的兴奋，争先恐后地亲身体验。

自此，青葵园成了孩子们的开心农场。他们有时去捡石子，有时去拔草，有时去浇水，有时去观察……孩子们忙得不亦乐乎，但乐此不疲。在与泥土、小苗、劳动工具的亲密接触中，同学们体验着劳动带给他们的无限新鲜感和乐趣。很多同学每天上学时，先要去青葵园看看才进校门。

小鲤鱼们在养护青葵园时还找到了一株株绿油油的"小伙伴"——苦菜、马生菜……这些"小伙伴"是从哪里来的，都有什么样的功效呢？在美玲老师的引领下，大家共建了一个"春来野菜香"的主题展。

小鲤鱼们觉得青葵园里还要有葵花才名副其实，于是决定在园区四周种上一圈葵花。

已是四月份，气温已经很稳定了，小鲤鱼们通过撰写种植可行性报告，发现此时正是种植葵花的好时候。他们还了解到，可用穴播和开沟点播的方法进行播种。

穴播深五六厘米，每个穴种四五粒。

注意株行距，大行距100厘米、小行距60厘米，株距60厘米。

……

一切按照计划进行。

结果，刚刚种好的那天夜里就下了一场大雨。

"我们的种子会不会被冲走了？"

"不冲走，肯定也会变位置了。"

然而一周以后，就在孩子们以为自己的心血付诸东流之时，葵花籽竟然悄悄地萌芽了。

孩子们陪伴青葵园成长

像枣一样大的小西瓜

从选种、播种到养护，陪伴它长出幼苗、伸出藤蔓，开花、结果，孩子们亲身体验着种植的快乐。他们还拿起手中的笔记录下了整个过程，体验生命的成长。

在小昂的自然笔记中，之前"像枣一样大的小西瓜"已经长得"像核桃一样大小了"。

晓柏笔下的葵花叶片越来越大，茎秆越来越高，顶部长出了星状的花苞……

陪伴着青葵园中的蔬菜瓜果一天天长大，他们自己也一天天成长着。

春天的味道

(2019年2月4日 除夕)

除夕过后就是大年初一，也就是春节。在我国古代，民间虽然早已有过年的风俗，但那时并不叫"春节"，而是二十四节气中的"立春"。南北朝时期，"春节"泛指整个春季。辛亥革命以后，人们才把农历新年定在正月初一，并改名为"春节"。"立春"是二十四节气当中的第一个节气，也是在雪花还会穿树飞花的天气里，预示着春天到来的标志。由此看来，"春节"就是欢庆春天的节日啊！当然，如今的春节已经成为阖家团圆、庆贺新年的传统节日，此时，又怎么能少得了美食呢？春寒料峭，春风微冷，家人围坐在一起，享用一道道美食，将寒意驱散。

在这个春天伊始的日子，孩子们读着《正月里的美食》，同爸爸妈妈一起寻找美食里的春天，学做一道简单、应季的美食。

确定菜名，练习刀工，一道菜需要用到哪些原料，用量多少，制作的先后顺序……厨艺也是门大学问，孩子们乐此不疲地学习、练习。

金黄的煎蛋摊开来，用新鲜的蔬菜一卷，就把春天的味道全部都卷了进去。咬一口，蔬菜清脆，蛋饼香酥。这是一道和家人一起做的美食，满满都是温馨的味道。除了这样的

孩子们学做美食

"春卷"，还有各色精致的小面点，由大手和小手合作捏成，精致的模样堪比面塑。

咱山东是孔孟之乡、礼仪之邦。餐桌礼仪、座次礼仪可谓源远流长。爷爷奶奶、爸爸妈妈坐在哪里，我应该坐在哪里？原来，小餐桌也有大礼仪。万事俱备，饭菜上桌，阖家团圆，一起来享受这春之盛宴吧！

孩子们不仅学会了各种美食的制作方法，还体会到和家人团聚的快乐。大家用照片记录下这一个个温馨时刻，在班级群里共同分享"舌尖上的春天"，还记录了自己的食谱，写下自己第一次做饭的感受。一熠记录了自己开心但又紧张的心情，梓涵记录了制作完成一份大餐时满满的成就感与喜悦的心情，川铭则通过此次体验感受到父母的辛劳……

开学了，真正的春天也来了。潮湿的泥土下，柔软的嫩芽顶出丝丝清香；

春日美食分享会

迎风的枝头上，含苞的玉兰散发缕缕芬芳。春天的色彩分外明艳，春天的声音清脆悦耳，春天的气息愈发浓郁……除了草木花叶的馥郁，充满了烟火气息的春季美食更是让人欲罢不能。

在这个初春时节，孩子们继续展开对"春天味道的美食"的探究——

春天的味道是怎样的？什么样的美食能展现出春天的味道？先来说说春季有哪些应季的蔬菜吧！

香椿芽、苦菜、面条菜……

孩子们带着自己的思考，回家继续请教爸爸妈妈，烹饪起了有春天味道的美食，准备来一场"春日美食分享会"。

春日美食分享会之创意美食

开心地分享美食

美食分享会来了——

"这是我做的香椿芽炒鸡蛋，吃一口唇齿留香。"

"这是苦菜蘸酱，虽然很苦，但是败火哦！"

"这是我和妈妈一起做的清蒸面条菜，你看它像不像面条？生的时候是绿色的'面条'，裹上面粉蒸过之后是不是就更像面条了？"

"这是野菜做成的饭团，是用我和姥姥从山上挖回来的野菜做的。"

还有五彩缤纷的水果拼盘、蔬菜沙拉……真是色香味俱全啊！

诗乐端着一个五色缤纷的盘子走到台前，绿树、红花、草坪……怎么像一个小盆景啊？别急，听她慢慢道来。

原来，绿树是香菜和一朵朵掰开的西兰花，草坪是盘底一层翠绿的生菜叶，精巧可爱的绿豆沙小点心铺在盘边就像一圈小栅栏，再点缀上玫红色的火龙果球、拼成心形的小红果和雕刻成花形的红萝卜，最精心的就是裹上黄瓜条的米饭卷……真是满盘皆春意啊！因此，诗乐赋予它"春天的花园"这样一个应景的名字。

大家自信满满、热情洋溢地介绍了自己"春季美食"的创意、制作方法、美食材料等，然后就迫不及待地开始品尝春天的味道了——你吃一口我的"小花园"，我尝一尝你的春色……是不是就会吐气如兰了呢？

春意融融，满屋生香。孩子们不仅在班级内、年级内分享，还将这些可餐的春色带给更多的老师和同学，让春天的味道传播得更远。最后大家还评选出了5名最受欢迎的"小小美食家"。

真是一个色香味俱全的春天！

真是一个好吃的春天！

春天里做一件美丽的事

（2019年3月6日 惊蛰）

"花婆婆在她还是个孩子的时候就许下心愿，要做一件让世界变得更美丽的事情，于是她将花种撒满大地，漫山遍野的花儿盛开着，世界因此而更加美丽了。"

伴随着《花婆婆》的故事，孩子们开启了2019年的春日种植课程，他们要在这个春天种下一抹属于自己的绿色。

他们在窗台上亲手种下一盆盆花，每日细心观察，倾听嫩芽生长的声音，盼望着把春天请进教室；他们去青葵园中播撒下新的希望，期待领略四时风光；他们在小区通往学校的路边撒下花种，希望拥有一条开满鲜花的小路；他们去山坡种植下棵棵树苗，为荒山增添新的生机。

春天像幼苗一样需要呵护。播种春天，播种美好，这便是孩子们在这个春天里做的第一件美丽的事情了。

幼苗需要呵护，生命更需关爱。

水滴班浩然爸爸的老家有一个孩子成成，2013年在聊城市人民医院被诊断为急性淋巴细胞性白血病；2019年2月白血病复发，需要化疗和放疗后做骨髓移植。祸不单行，成成的姐姐2005年在北京儿童医院被确诊为脑垂体功能障碍，需要终生打针吃药。懂事的姐姐宁愿放弃治疗也要救弟弟。现在成成已经配型成功，但还需要近30万元的巨额手术费。对于这个低保户家庭来说，生活已经捉襟见肘，想凑齐手术费难如登天……

小水滴们得知后，决心尽自己的能力去做点什么。经过水滴班家委会的

小区义卖

精心策划，以"爱心传温情 保护你我他"为主题的爱心义卖活动徐徐拉开帷幕。

经过家委会会长芳睿妈妈多方协调，物业允许小水滴们在小区义卖。小水滴们从家里拿来自己九成新以上的文具、图书，甚至买来新的玩具、书包作为商品。还有的吹萨克斯，表演舞蹈、武术等进行现场义演。孩子们或三五成群拉着叔叔、阿姨介绍自己的商品，或以家庭为单位吆喝叫卖。邻居们给予了热情的支持，纷纷解囊相助。校长和老师也来捧场。

不知不觉已近中午，佳慧妈妈一边帮忙照看摊位，一边哄着怀里的佳慧的弟弟，弟弟也似乎明白妈妈、姐姐在做重要的事情，在如此嘈杂的环境中竟然睡着了。

可是，毕竟小区人数有限，而且他们的货物仅针对学生群体，所以经过半天的忙碌还是收获甚微。

煜祺妈妈的工作单位在不远处的贵和购物中心，那里人流密集，肯定能卖出更多物品。大小水滴们决定明天再去试一试。同时，在小水滴班的带动下，学校其他班级的学生们也都积极响应，参与到活动中来。孩子们又连夜准备了更加丰富的物品。

　　随着队伍的壮大，煜祺妈妈也争取到在商场前空地，甚至进商场义卖的机会。购物中心经理还在商场内专门开辟了一片区域，供孩子们义卖。大家紧锣密鼓地忙碌起来。

　　第二天，若轩爸爸带领大水滴们早早地在空地摆好桌椅、拉起横幅。浩然爸爸还联系了电视台进行直播，吸引更多爱心人士的加入。

小水滴班义卖活动现场

　　亲爱的顾客朋友：

　　您好！

　　我们是爱都小学的学生，为了帮助一个得了白血病的孩子，为了弘扬中华民族的优良传统，培养我们从小就要做一个有爱心、懂得关心别人的好孩子，我们将于上午10:30至下午3:00，在超市东门B1入口举行一次别开生面的公益义卖活动。届时会有我们精彩的表演，有琳琅满目的义卖商品，还有山东电视台《新闻午班车》栏目组进行现场直播，记录下这个感恩的时刻。所以，亲爱的顾客朋友，快到超市东门B1入口来吧！

　　涓涓之水汇成海，颗颗爱心聚希望。让我们一起向这个六岁的小男孩，伸出友爱的手！让我们温情手拉手，让小爱汇成大爱，让大爱影响世界！

　　多一份爱心，多一分希望。

　　让我们相聚在超市东门B1入口！

　　让我们一起融入大爱的暖流中！

　　伴随着悠扬的音乐，小喇叭里滚动播放着芳睿提前录制好的广播稿。超市东门B1入口立刻充满爱的暖流。

　　面对陌生的人群，小水滴和其他班级的同学们一开始还有些腼腆、退缩，全然没有了在小区的那份闯劲。煜祺和若轩率先走出去招揽顾客，靖琪和芳

176　遇见最美的四季——新童年教育纪实

参加义卖的小水滴和大水滴

睿也拿起商品上门推销……看到他们努力去展现自己、礼貌地招呼顾客，其他同学也慢慢地进入了状态。从坐在摊位前卖东西，到自己拿着箱子去商场里面义卖，孩子们在不断战胜着自己，没有一个叫苦叫累。为了再多卖一点货物，在中午的吃饭、休息时间，孩子们仍然坚持不懈地去义卖。孩子们不遗余力的爱心之举也收获着一份份爱与善良。一位阿姨不要货品只给钱，一位叔叔拿了一

"阿姨，买点点心吧。"

瓶水却给了十元钱，贵和购物中心经理个人捐献八百元现金……义卖现场人头攒动，在领秀城贵和购物中心及广场形成了一道亮丽的风景线。

孩子们不仅义卖，还现场发放自己亲手制作的宣传画，提醒人们关于垃

圾食品的危害，倡导健康饮食。

他们做了这个春天里最美的一件事。

爱如春风，小糖果们也行动起来，他们徒步走进新时代农村，看望石门村贫困及残疾家庭，给山区的孩子和老党员带去图书、慰问品。

播种是一件美丽的事情，关爱是一件美丽的事情，分享亦是一件美丽的事情。

"儿童散学归来早，忙趁东风放纸鸢。"孩子们动手做了属于自己的独一无二的风筝，还把自己学到的古诗，用写绘的方式，画到了风筝上。他们拿着自己做的风筝，一起到操场放飞。操场上回荡着大家欢乐的笑声。这也是一件美丽的事。

这个春天，孩子们沐浴在春光里，与花、草、树木共同成长，畅想未来。

这个春天，不仅有欢声笑语，还有精彩和创意，更有一件件美丽的事情让孩子们在春天学会爱、学会分享。

遇见春天，遇见美好。在这个春天结束之际，孩子们还发挥创意，上演了一场"春的印象"服装大秀呢！

把春天穿在身上

我家的春天

(2020 年 2 月 19 日 雨水)

《春天在哪里》,这是一首朗朗上口的儿童歌曲,基本上每一个人在童年的时候都会唱。在孩子的眼中,春天是什么样子的呢?是气候变暖时飞回的鸟儿,是微风吹过时摇曳的绿草,是每一个孩子目之所及、充满了生命力量的地方。

往年,一年级的春季课程都会沿着"寻找春天"的大主题,让孩子们充分地融入大自然。他们在教室里种下一颗种子等待它生根,带上画笔观察刚抽芽的树枝。在春天的故事里,孩子们尽情地舒展自己的身体,去模仿春天里生命盎然的一草一木。

孩子们在公园观察

今年的春天,却有些不同寻常。元宵已过,雨水已至,天气渐渐暖和起来,春的气息日益浓厚。可是因为疫情的原因,人们仍然被困于家中,没有一丝开工复学的迹象。寂寥的公园里迎春满枝、桃红杏粉,宁静的校园里玉兰悄然绽放,却唯独少了赏花的人。

在家中,孩子们要怎么去寻找春天,春天又在哪里呢?其实,春天就在孩子们的眼睛里。

孩子们虽然不能真实地踏足于自然当中,但是可以透过窗户,去俯瞰小区中的一草一木。孩子们把自己眼中的春天美景拍摄下来，在群里互相分享。

有的孩子看见覆盖在草芽上的冰雪刚刚融化，嫩绿的叶子探了出来；有的孩子拍下了草地中随风摇曳的花朵。孩子们用眼睛欣赏着窗外春天的美景，用相机记录下春天的美景，用心灵感受着春天的美景，去发现春天的颜色，去寻觅春天到来的每一丝气息。

窗外的绿色让人欣喜，既然不方便走出门去，那要怎么把春天请进自己家里呢？于是，家中种植课程开启了。尽管可以种植的东西有限，但是每一点绿色，都会让人忍不住露出微笑。

跟窗外的春光合个影

孩子们竭尽所能，找到家中可以种植的植物。将家里茂盛的绿萝，剪下一段枝叶，放在透明的小瓶子里，灌上半瓶清水，放置于阳台上，等它生出白白细细的根、嫩绿的叶；将厨房里一头发芽的大蒜泡在清水里，没过两天就长出了嫩绿的蒜苗；将小小一把豆子盖上湿布再喷上水，没过几天就长出了豆芽；把地瓜泡在水里就能长出像绿萝一样的藤蔓和叶子，听说地瓜开的花也很漂亮呢；被人遗忘的土豆发芽了，不能再吃了，埋在土里，绿色的芽渐渐变成叶子，几个月之后，也许会长出新的土豆来，真是让人期待！

种下一段绿萝，等它生根

孩子们在每日的观察养护中，自主探究应该遵循怎样的规律来照顾自己的植物，多长时间换一次水，是否应放在阳光下……

每种植物的生长规律不同，有的很快生根发芽了，有的则深藏土中，迟迟没有动静，让孩子们等得好焦心。雅琪的香豌豆种下了四个星期，迟迟不见破土发芽，她心灰意冷地以为小种子长不出来了，于是决定换种大蒜。没想到，挖开土壤才发现，小小的香豌豆已然生根吐芽，只是种下的时候埋得太深了，所以从表面看上去才好像没有生长一样。

种子发芽了

只要有一点点水、土和阳光，植物就可以顽强生长。孩子们在自己家中种下简单的植物，就像在这个严峻的疫情期间种下了希望。孩子们观察着小小植物的生长，用写绘的方式把它们记录下来。虽然一年级的孩子们还做不到详细地记录自然笔记，但是，这是一个美好而有趣的开始。孩子们在纸上描摹下植物生长的变化，用稚嫩的笔迹在纸上记录下愿望，希望小小的植物和小小的自己一起长大。

孩子们用稚嫩的笔触写下美好的祝愿

从冰雪消融的初春到百花盛开的仲春，再到花飞满天的暮春，孩子们陪着自己的绿植度过了整个春季。也在这个美好的季节里，变成了一个个小诗人——

"想要做窗帘，需要一朵花。"

"春天打翻了花篮，到处都是小花。"

"小草踮起脚尖急着找,小草不知道,自己就是春天。"

"春天里种下一粒花籽,我想对它说,我们一起长大。"

孩子们用文字编织出想象的翅膀,用诗歌表达着自己简单、纯真的梦境。

在这个特殊的春天里,孩子们虽然足不出户,但依旧和老师、同学们一起,品味着春天,欣赏着春天,观察着春天,书写着春天。只要我们有意栽花,总能盼到山花烂漫的那一天!

节气里的春天

（2021 年 3 月 3 日 九九天）

"春雨惊春清谷天，夏满芒夏暑相连……"这脍炙人口的《二十四节气歌》在数九寒天结束之时为爱都小学三年级的孩子们开启了新一轮"行夏之时"的节气课程。

行夏之时

一年有四时，四时各不同。从夏朝开始实行的二十四节气，孕育的是丰富的传统文化、时间哲学，寄予的是"冬至饺子，夏至面""清明风筝，谷雨花"等时令生活与民俗情趣。

春抽芽，夏开花，节气又是什么呀？一张张懵懂的小脸上充满了迷茫。于是这从来不曾被留意过的节气，成了这个学期中孩子们睁大眼睛、竖起耳朵、用心感受的日常。

数学老师把农历节气和阳历的日期相关联。大家找来一整年的日历，翻着、看着，像寻宝一样把 24 个节气挖了出来。

孩子们开心地说着自己的发现："我的小名叫小雨，原来是因为我出生在雨水这个节气啊！"

再找来万年历翻一翻，大家又有了新问题：同一个节气为什么今年在这天，去年在那天？数学老师告诉孩子们一个公式，能快速地算出下一个节气的日期。

二十四节气的准确计算时间公式：通式寿星公式——（Y×D+C）-L。（Y=年代数的后2位，D=0.2422，L=闰年数，C取决于节气和年份）

孩子们立即投入到计算中去，这一算可不得了，疑问充满了他们的小脑袋：这是我们现代人总结出的计算公式，可是古时候完全没有这些条件，古人是怎么算得这么精准的？周而复始，千年不乱。古人的智慧让孩子们惊叹不已。

立春雨水渐，惊蛰虫不眠，

春分近清明，采茶谷雨前……

从节奏鲜明、意境优美的歌谣里，孩子们了解了二十四节气。节气自发源伊始就是农民春种秋收的天然报时台，这引起了孩子们极大的研究兴趣。

他们每日记录气温的变化，探寻蛰伏的小昆虫自哪一日悄悄破土，留心小嫩芽在什么时候偷偷抽出第一片叶子，抚摸春天里舒展开来的柔嫩花瓣，聆听暗夜里草丛中报春的虫鸣。

他们观察春季节气的规律变化，探究大自然的法则和奥秘，了解到许许多多节气与自然之间有趣的联系——

从立春开始，气温就开始向上攀升，虽然偶有浮动，但整体是趋于上升的。雨水日万物润泽，惊蛰日小虫苏醒，春分日昼夜均等。

二十四节气不仅能指导农事活动，更影响着千家万户的衣食住行。俗话说："二八月，乱穿衣。"惊蛰之后，孩子们用画气温折线图的方式记录气温的变化，再根据气温的变化，制定一份份贴心的穿衣指南，变身成一个个时尚达人。

看着每天记录的风向图，

孩子们在感受节气前后物候的变化

他们发现，春天是以东、南风居多的，难怪我们的古诗"儿童散学归来早，忙趁东风放纸鸢""等闲识得东风面，万紫千红总是春"中描绘的都是东风呢！

惊蛰时，孩子们吟诵"微雨众卉新，一雷惊蛰始"；

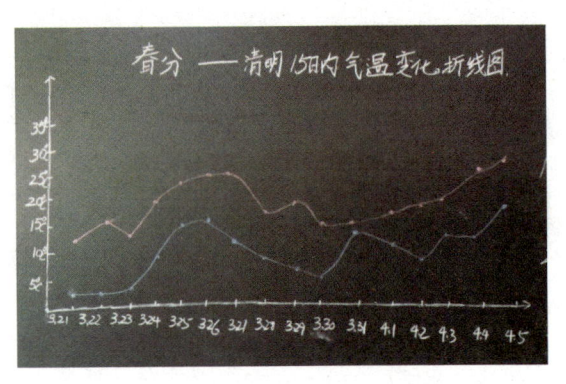

节气前后气温变化的折线图

春分时，吟诵"溪边风物已春分，画堂烟雨黄昏"；谷雨时，吟诵"谷雨青芽莫嫌老，缥霄峰上正当时。拈花兰指犹悬露，片片香茶胜剑眉"。这些诗句像在欢送一个节气的离开，又像在欢迎新节气的到来。在吟诵中，孩子们感受着时光的足迹。他们把每一次诵读过的、搜集到的、自己仿写的节气诗歌编辑在一起，组成自创的节气诗集。原来节气这么优美、富有情感！孩子们进一步理解了传统文化的内涵，传承了古人的生活智慧，进入图画般美丽、故事般丰富的古老汉字世界，发现了汉字与自然万物的连接。

节气在不经意间流转，孩子们在不知不觉间跟随着节气的足迹——清明踏青摘把野菜，谷雨时节饮一杯春茶，一家人围坐在一起开心地包饺子、吃春饼……相信这些美好的节气生活会留在他们心中，将来不论他们在哪座城市、哪个国家生活，都会在某个特定的日子里记起。

春天悄悄地过去了，老师和孩子们把她留在了各类图谱和观察表中，留在了青葵园的绿叶上……那是时光的足迹啊！

一年四季，节气轮转。美好的春光中更有一张张美好的小脸，孩子们感受着春之六时，与春天共成长。

夏，携着热情款款而来。
木欣欣以向荣，笑送春归。
夏，大也，物至此时皆长大。
立夏是万物的"成物礼"，
如同人类的成人礼一般重要。
在这个万物长大的季节，
孩子们也迎来了他们的成长季，
自由地生长着……

爱都之夏 成长季

在挑战中成长

（2017年5月7日）

沐浴着初夏的朝阳，小鲤鱼班的孩子们收拾好自己的行囊，整装待发。与以往的研学有所不同，这次不是去赏花观景，也没有父母的陪伴，他们要独立完成"一元钱生存挑战"。

每个小鲤鱼只能带一元钱、一瓶水，他们要在熟悉而又陌生的城市赚钱，供给自己一天的花销，包括午餐费、水费、车费等。同时，还要完成售卖报纸、钥匙链、小贴纸等5个任务。

七八岁的儿童是父母的掌中宝。他们之前几乎所有的事务都是由父母包办的，如果没有父母陪伴，他们该怎样生活？一元钱能干什么？他们能坚持下去吗？

对此，小鲤鱼们却早已信心满满，跃跃欲试。

他们在老师的组织下自由组合，分成四个小队，每个小队确定了自己的队旗、口号，选出了队长、副队长、财务部长、销售部长、交通部长、生活部长、宣传部长和组织部长，明确了各自的职责。

"出发！"一切就绪，各小队长挥旗呐喊，带领各自的队员出行。

可是还没出校门，问题就来了——飞鸽队的梓涵同学边哭边说："呜呜……我不去了！"

因为之前她竞争队长以一票之差落选了，现在看着队长欣桐神气的样子她非常伤心。

这怎么办呢？大家都把目光投向美玲老师。

"从现在开始,你们的问题要自己解决。"

"别哭了,我把队长让给你吧!"队长欣桐得知原因后,马上提出让位给她。

"梓涵,你最细心啦,所以我们选你当财务部长。"

其他队友也你一言,我一语,和风细雨地做工作。梓涵终于想通了,继续担任财务部长,和队友们一起开启挑战之旅。

小鲤鱼们以小队为单位,乘坐公共交通工具抵达任务区——泉城广场。此时,一元钱已经花光了。在这里,他们要通过售卖报纸、钥匙链、小贴纸等赚取午饭费用。

第一个任务是卖报纸。

小鲤鱼们手拿报纸,看着来来往往的游人都羞于开口,谁也不好意思走出去推销。怎么办呢?

队长召集大家,互相打气,一起喊口号:"我勇敢,我能行,我很棒!"

队长欣桐率先迈出了第一步,追上一位路过的叔叔,喊着:"叔叔,要报纸吗?"梓涵也赶忙拦住一位阿姨说:"买一份报纸吧。"可是叔叔阿姨都摆摆手说不买。

其他小鲤鱼也遭到了拒绝,有些失去信心。

一旁跟队的老师们一边鼓励小鲤鱼,一边帮他们找原因:"你们都很勇敢,但是要迎着行人去推销,不要等人家走过去再说,声音要大一些;多用礼貌用语;还要记得告诉叔叔阿姨我们卖报纸的目的……老师相信你们!"

十分钟过去了,二十分钟过去了……上午十点多的阳光已经显示出它的威力,小鲤鱼们来往穿梭,早已满面绯红,汗流浃背。

功夫不负有心人,飞鹰队的启航同学成功卖出了第一份报纸,收获了他人生的第一笔收入。

平日里,启航在学校很腼腆,连在课堂上回答问题声音都很小,没想到他面对陌生人,却很有勇气,是全班第一个开张的。那天是他的高光时刻,大家都羡慕不已，纷纷向他询问售卖的"秘诀"。这次成功的经历将成为他日后面对困难时，对自己最大的鼓励。

很快，小鲤鱼们都陆续开张啦！

谦硕却让老师和同学大跌眼镜——平时他在学校里特别爱说话，话也特别"赶趟"，现在面对陌生的环境和人，他反而怯生生地不敢讲话。他一直跟在别人后面，跟了两个路口，就是不敢开口。

小队所有人集合在一起给他打气："大胆一点，说出来就有希望卖出去。"

有的队员向他授经验："找年龄大点的阿姨，她们比较有爱心。"

有的队员鼓励他说："拿出你在学校能说会道的劲头来。"

还有的队员对他用激将法："咱们队都落后了，你得快点啊！"

本来大家是各卖各的，后来都跟在谦硕后面，给他加油。谦硕也不负众望，一步三回头、一说三颤抖地卖出了第一份报纸。

慢慢地，孩子们都放开了，举止越来越大方，沟通技巧也不断提高。

飞虎队组员总结，可以使用打折销售的策略。

飞鹰队学会了向顾客介绍报纸的精彩内容。

飞鲤队和飞鸽队则采用集体战术，把顾客团团包围，不停劝说……

一位老奶奶看到孩子们东奔西跑地卖力卖报纸，提出用20元钱买一份报纸。孩子们一开始很高兴，但研究以后认为这样不合乎规则，于是先感谢老奶奶的好意，然后委婉地拒绝了。

不知不觉间，四个小队都把报纸销售完了。孩子们激动得和最后一位顾客合影，并把售卖所得的钱交给财务部长。

但是，这些钱用来吃

报纸卖不出去，孩子们围在一起商量怎么办。

饭显然是不够的。各小队又开始售卖钥匙链、小贴纸等物品。有了卖报纸的经验，加上此时小朋友也逐渐多了起来，这些物品很快就销售一空。

临近正午，太阳已经爬到头顶，孩子们也浑然不觉。财务部长收钱、算账、统计，策划中午的花销。

首先，要留出返程的路费，然后根据钱的多少再确定午餐的标准。飞虎队挣的钱最少，只能点家常菜。在她们邻桌用餐的飞鲤队伸出援助之手，点了一份大菜，并主动与他们分享，友爱的精神受到了店老板的赞扬。

用餐结束，小鲤鱼们又回到泉城广场，根据地图寻找文化长廊，了解济南名士，完成挑战任务。

城市挑战课程中，一直被家人呵护的铁涵第一次自己乘坐公交车；胆怯的梦冉学会了主动跟路人交流；梓睿发挥财务部长的职责，把餐费管理、分配得恰到好处；书韵作为队长，不断关注每一个队友，提醒他们别掉队，还开导跟同学闹矛盾的小鲤鱼，最终团队协力完成了挑战任务……

城市挑战课程设计之初，虽然老师和家长们共同设计了挑战项目，并亲自踩点体验，但当孩子们真正开始挑战的那一刻，他们还是不放心。随队教师时时在群里分享孩子们的表现，不但让家长们悬着的心放下，而且给他们带来了惊喜和触动。孩子们勇敢地突破胆怯心理，遭遇拒绝后仍不断尝试，团队内部分工合作、共同商议决策等，足以证明只要精心设计、周密安排、大胆放手，孩子们就能在一次次自我挑战中实现成长。

晒晒我的营业额

学校里都有谁

（2017年5月12日）

孩子们每天在学校都会接触到很多人，校长、老师、校医、保安、保洁、餐厅员工……老师向我们传授知识，校医老师帮助我们处理伤口，保安伯伯保护我们的平安，餐厅的叔叔阿姨为我们准备可口的饭菜……

学校里还有谁？每个人都在做着怎样的工作？除了我们能够看到的，他们又在做什么呢？

于是，孩子们做起了小记者，用采访的方式了解学校里不同员工的职业。

"我想采访校长，了解她是怎么工作的。"

"我想采访保安伯伯，每天早上我第一个见到的就是他。"

"我想采访音乐老师，问问她为什么唱歌那么好听。"

就这样，孩子们根据想采访的对象组成了采访小组，并进行分工。随后，小记者、记录员、摄像师等围坐在一起商讨采访提纲。

第二天，化身为小记者的孩子们带着满满的期待出发了。他们手中的采访单上已经写满了心中的问题。这些问题虽然稚嫩，但都是孩子们最想知道的。

小糖果班有很多同学都想采访校长，可真到了校长办公室门口他们又害羞了，怯生生的，不

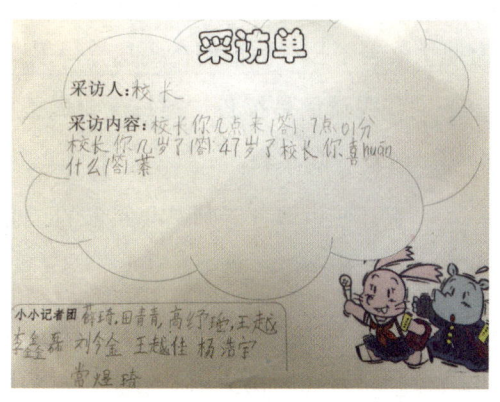

采访单

敢敲门。瑞瑞老师鼓励小糖果们，并教他们有礼貌地轻敲三下。烨然小记者鼓足勇气，敲了敲门，听到"请进"之后，推开门说："校长，请问您有时间接受我们的采访吗？"吕校长欣然接受采访。

"吕校长您好，请问您每天几点上班，几点下班？"

"请问您平时都做些什么？"

孩子们一本正经地问着，校长耐心地回答着……最终，在她们礼貌的告别中，这次采访之旅温馨地结束了。

其他采访组的小记者们也都落落大方、有模有样，提问、记录、摄像，各负其责。孩子们回到班里积极地分享自己的收获。

小记者在采访校长

给校长的员工卡

"原来保安伯伯每天都比我们早来、晚走，还要在学校里值夜班、巡逻，真是太辛苦了！有伯伯们在，我觉得很安全。"

"我采访的是校长，她每天要做很多事情，经常工作到深夜！校长还对我说，她喜欢喝茶。"

"我还知道体育老师是会武术的，他向我们展示了他的功夫，可威风啦！我以后想参加学校的武术队。"

采访过后，孩子们开始意识到每个职业背后的付出和辛苦，职业没有尊卑之分，只要在岗位上用心付出，每个职业都能焕发光彩。孩子们根据了解到的信息，为每位采访者制作了独特的员工卡。

为了真正了解老师的辛劳，孩子们还当了一天"小老师"。这一天，老师把课堂交给孩子们，由"小老师"来决定这节课上什么、怎样上。

一天的体验下来，佩琪小老师对瑞瑞老师说："当好老师真不容易，我才讲了一个生字，昨天都准备了一晚上呢！您平时教给我们这么多知识，太辛苦了！"

后来，孩子们又进行了"我的小社会"活动：在班级内体验小老师、图书角管理员、小班医等职位，还在学校内进行小保安、餐厅员工、校长助理的职业体验，最后，还进行了每个班级的自主管理岗位竞聘。孩子们在竞聘后积极履行着自己的义务。

下课时，走廊里少了乱打乱闹的身影，多了孩子们在自己的岗位上工作的身影；少了掉落在地面走廊上的废纸，墙面、地面更加整洁。

在职业角色的体验中，孩子们感受到每一份职业的职责特点，意识到每一份工作的不容易，学会了感恩，同时又感受到不同职业的乐趣和成就感、价值感。

"小老师"粉笔字展示

"小老师"讲绘本

自主管理负责人在认真工作

一本书的诞生

（2018 年 5 月 12 日）

书是什么？书是孩子手中的语文、数学课本，是孩子学习的材料，是孩子阅读的童话故事，是孩子照着画画的美术书……可能孩子们对书的理解也就仅限于此了。孩子们天天读书，但书是从哪里来的？书对于孩子们究竟意味着什么？其实他们并不明白。

于是，一个名为"一本书是如何诞生的"项目课程，在我校开始研发和实施。

老师们引导孩子们走入书的"前世今生"，观察古老的书，制作崭新的书，增进他们对人类文化、历史文明演进的了解，培养他们对书的热爱。

中国课本博物馆研学之旅

课程开启了，孩子们通过上网搜索资料和查阅相关书籍、采访等方法，了解了书是怎么来的。从刻石记数、结绳记事到刻竹、竹简、刻印，再到印刷机印刷，书籍经历了漫长的发展。

这只是在纸面上研究，我们需要亲眼看一看古老的书是什么样的。于是，同学们带着疑问，带着好奇，开启了目的地是淄博的研学之旅。

孩子们到了课本博物馆，一边观察，一边记录学习单。他们看到了古代石头上刻的字，还看到了最古老的书。从古代启蒙教育到"办新学"的华夏文明，从"识字班""拼高考"到"互联网＋教育"……各个历史阶段的学习场景和课本及其他种类的图书让"昨日重现"。

古文字你认识吗？

拜师礼

在博物馆，孩子们体验了拜师礼、焚香净手、授书礼。通过体验一项项的仪式，孩子们了解到传统文化的博大精深，同时懂得了尊师重教的意义和对书的敬畏。

他们还尝试了雕版印刷。雕版印刷的版图细腻、复杂，对于孩子们的细心和耐心是一大挑战。他们穿上围裙小心翼翼地体验着——上墨，压实，出稿。小组内的同学相互协作，一次不行再来一次，直到印出清晰的作品。

同学们还在博物馆亲手制作了一本属于自己的线装书。他们在体验线装书籍装订的过程中，了解了我国书籍装帧的历史发展。

经过这次研学之旅，有的孩子已经迫不及待地要制作自己的书了，但是真正做起来可不是那么简单，从封面到内页设计都不够完善。

学校请来了编辑，孩子们在与编辑的访谈交流中，深入地了解文字编辑和美术编辑的工作。他们了解了写作素材的来源，知道了文字编辑需要一个字一个字地阅读、反复修改和加工，知道了一本书的页数最好是4的倍数，知道了一本书如何排版，排好版打印出来就是校样，需要逐字校对。

于是，孩子们开始讨论自己的书的主题，有的孩子用诗配图、童话、漫画等各种形式表现自己的图书主题。经过一个多月，孩子们创作了《时光穿梭机》《自然笔记》《给唐诗配画》等。孩子们制作书的过程，既是阅读的过程，也是读写结合的过程，更是创作的过程。一本本书就这样诞生了。孩子们制作的书，虽然有些简陋，只是初具书的模样，但有封面，有目录，有插图，有文字，有封底，书的要素是齐全的。

分组尝试雕版印刷，上墨、压实、出稿

亲手制作一本属于自己的线装书

晒晒我的线装书

孩子们创作的书《古诗画》

这样一个学习过程，包含了美术、数学、语文等多个学科的知识。孩子们的探究能力、文化素养、设计思维都得到了很好的锻炼。

虽然这次的作品并不完美，但我们相信，孩子们在这么小的时候就能做出这样的书，在未来一定能写出属于他们的厚重的书。

我的秘密基地

（2018 年 5 月 4 日）

这天午饭后，大队辅导员文文老师来到一楼大厅巡视时，忽然听到不知从何处传来的优美的钢琴声。她顺着琴声走近一看，发现一大群孩子围在钢琴四周，五年级的靖琪正在弹奏《菊次郎的夏天》。

小小音乐厅

周围的孩子带着崇拜又羡慕的神情静静地欣赏，还有一些刚刚听到钢琴声的孩子陆续被吸引过来。一曲终了，大家不约而同地鼓掌、称赞着，这让靖琪感到既羞涩又自豪。

看到这里，文文老师才想到，这个角落原来还有一架钢琴啊！这架钢琴是去年"六一"儿童节时省妇联赠送的。

这一幕触发了文文老师很多的思绪。作为一名音乐老师，她一直期待孩子们能有自觉学习音乐的意愿，这场小小的即时音乐会就实现了她的期待。她想把学校大厅作为孩子们艺术展示的音乐厅。

于是，一则招募演奏者的消息在校园里传开了，整个校园顿时沸腾了，报名者纷至沓来。孩子们中真是藏龙卧虎啊，很快，钢琴、大提琴、吉他、萨克斯等乐器就出现在音乐大厅，一场"春之声"音乐会拉开了帷幕。

一楼音乐大厅火爆起来以后，作为大队辅导员的文文老师又想到，学校的每一个楼层是不是都可以利用起来，让孩子做自己喜欢的事。于是老师们开始征集孩子们的想法，随后根据孩子们的意愿和需求，结合学校的实际情况，在一楼大厅设置了"春之声"音乐厅、益智积木墙；在二楼设置了"开放书吧"、多彩"涂鸦墙"；在三楼开设了"科学角"、生态种植园；在四楼设置了"英语角"，安放了电子阅读器。

几个公共区域打造完成以后，孩子们特别喜欢，一到课间就会跑过来游戏或者休息。几次路过沙发休息区时，文文老师都能发现一个熟悉的身影——小朱同学。他是一个很率真的孩子，但是不会控制自己的情绪，经常与同学发生矛盾。孩子们围坐在小桌旁，小手托着下巴，几个人在交谈着什么。文文老师走过去以后，他们又挤眉弄眼地傻笑，好像就是不想让老师听到他们交谈的内容。文文老师故意在小朱同学身旁多站了一会儿，他就轻推老师："张老师，你快去忙吧，别在这偷听了，我们有秘密要说呢！"文文老师忍不住笑了，其他几个小朋友也笑了，轻松愉快的课间就这样过去了。

休闲区的打造对孩子们的影响真的很大，好多以前喜欢在课间乱跑、打闹的男孩也会凑起来坐在沙发上聊天，这里好像成了他们的秘密基地。

小乐同学个子小小的，笑起来很可爱，可是她喜欢独来独往，总是沉浸在自己的世界里。但她能够非常娴熟地操作电子阅读机，她经常坐在地上，沉浸在故事的世界里，还不时发出银铃般的笑声。这个电子阅读机带给了她无限的快乐。

公共区域空间的打造深受孩子们的喜爱，但是，随之而来的问题也渐渐多了起来。一楼的积木墙空间面积有限，积木的数量也有限，孩子们下课后一拥而上的时候谁也玩不成，谁也玩不好；音乐厅的观众多了，也开始有了拥挤吵闹、不能安静欣赏的现象。

一时间，开放区域的课间纪律变得非常混乱。学校根据孩子们的需求创建公共活动区域的初衷是好的，但如何才能让孩子们自发地、有规则地参与呢？能不能在这些公共区域建立孩子们的自我管理组织呢？

于是，文文老师召开了少先队大队委员会，和学校的大队干部一起交流。

孩子们的想法特别多，他们也很想管理这些地方，想自愿报名做志愿者。学校顺应了孩子们的意愿，首先让大队干部认领志愿岗，然后在全校范围内招募小伙伴一起来管理公共区域。公共区域的游戏规则、观赏秩序、卫生环境等，都需要他们自己制定、组织、管理。当然，虽然红领巾志愿者们热情高涨，但他们毕竟只是孩子，在管理方法上还有欠缺。为此，学校为孩子们配备了指导教师，帮助他们解决问题。

志愿者给图书细致分类

参与红领巾志愿岗的孩子们，非常用心地去经营自己的空间。音乐厅有了演出表和观众欣赏规则，还摆上了小板凳，孩子们欣赏音乐的素养越来越高。积木墙排出了每周五天不同年级使用的时间安排表，还设置了不同难度的主题供孩子们挑战。

开放式的校园给了孩子们丰富、平等、自由的对话和表演空间，鼓舞每一个孩子成为最好的自己。

志愿者整理图书

兆乐运动空间

(2019年5月4日)

"叮铃铃——"

下课铃响了，兆乐完成了美术课上的蜡染作品，便兴高采烈地冲出教室。或许是为自己的美术作品而欣喜，又或许是想起了之前和小伙伴的约定，他忍不住奔跑起来。可他的速度太快，没有刹住"车"，一个鲜红的手印就印在了雪白的墙上。这件事不幸被校长发现了，所以一群"调皮鬼"来到了"爱丁堡"——校长的办公室。

校长经常邀请同学们到她办公室聊天，同学们有困难，也会主动到她办公室寻求帮助。兆乐这次可是因为闯了祸才来的，不免有些不安、紧张。

校长严肃地说："六年级的学生早就应该知道不能在走廊追逐、打闹，你们怎么能明知故犯呢？是有什么原因呢？"

兆乐小声地说："我们很想到操场上去玩，可是我们的教室在四楼，课间时间只有十分钟，没有办法到操场上去玩。"

兆乐的话引起了吕校长的思考：孩子说的是自己的需求，这本没有错，这次之所以会犯错，是因为学校没有给他们提供运动的场所。以儿童为中心的空间设计，就要真正为孩子的成长和需求服务。她沉思了一会儿说："你们的话有道理，我再想想。不过，墙上的手印怎么办呢？"

兆乐说："我想办法把手印擦掉，如果擦不掉，我就请爸爸来刷墙。"

说到做到，兆乐中午就把墙上的手印擦掉了。他又一次来到"爱丁堡"，校长和蔼地说："知错就改，你是个好孩子。兆乐，你告诉我，是不是很多同学都很想到操场上玩？"

兆乐点了点头。吕校长接着说，"课间到操场上玩的确不现实，但是咱们四楼南侧的大厅正好有一个闲置区，在那里建个运动场，是不是既能满足你们的需要，又能确保良好的秩序？"

"太好了！这样的话，我们课间或者中午休息的时候，就能到这里运动了！"

"一言为定。运动空间建成什么样，安置什么运动器械，交给你来规划，能完成这个任务吗？"

"好，我一定能行！谢谢校长！"

兆乐兴高采烈地回到教室，他顾不上午休，就开始设计运动空间。他画设计图的本领还是当工程师的爸爸教的呢，没想到这次派上用场了！

下午，他拿着设计图再一次来到"爱丁堡"。校长没想到兆乐还有建筑设计的天赋，居然会画设计图。

看着他在图上画的篮球架、乒乓球台等设施，校长提出了新的问题："你设计的运动空间要为同学们服务，这些运动项目是同学们想要的吗？"

"不是，是我自己想到的。"

"既然是公共的运动空间，那就要尊重大多数人的意见。我建议你调研一下这一层楼同学们的意见，了解大家的需求。另外，我还建议你周末到各个室内运动场看看，有哪些运动项目适合在室内进行。毕竟咱们的运动空间是在四楼，如果安装篮球架，不仅有危险，篮球落地的声音还会影

设计游戏道具

兆乐体感游戏区

响到三楼。"

  原来，建一个运动空间还有这么多的学问，不仅要了解同学们的需要，还要做市场调研。为了把好事办好，有了校长的指导后，兆乐又找了几个小伙伴，一起做调研，进一步完善设计图。

  就这样，设计图连续改了三稿，终于敲定了。校长说："就按你设计的办！"

  过了一个周末回来，同学们发现四楼南侧的空地上，铺了一层舒适的胶垫，还摆上了蹦蹦床、弹力球，竟然还有"体感游戏机"！这也太"高大上"了吧！

  运动空间一建好，便成了同学们特别喜欢来的地方。然而新的问题又产生了：谁来管理这个空间呢？这个空间里的游戏规则怎么制定呢？

  校长又找到了兆乐，鼓励他做这里的志愿者，并将这里命名为"兆乐运动空间"——这真是对兆乐莫大的鼓励。于是，一连数日，兆乐乐此不疲：

查阅资料，学习运动空间的管理办法；请会画画的小伙伴帮助制作海报；课间还要到这里维持纪律……天天忙得不亦乐乎。但他很快乐，也很满足——他交到了很多好朋友，同学们在课间多了一项游戏，在教学楼内奔跑打闹的人也大大减少了。

在一次市中区举办的"美丽校园"研讨会上，兆乐登台讲述了"兆乐运动空间"的故事。不善言谈的他，通过这次经历变得自信大方多了，在课堂上回答问题也积极起来，也更愿意和同学们交往了。

校园应该是真正属于孩子的，应该留下生命成长的印记。"兆乐运动空间"就是尊重孩子们的成长需要，坚持儿童立场的成果。在他的带动下，校园里还出现了同学们自己设计的"鸟窝"，并由此开启了一场关于人与自然的课程研究。

"鸟窝"设计图

"鸟窝"实景图

我们的魔法学校

（2019年5月17日）

今天是学校设立的"小小设计师"主题日，目的是让校园真正属于孩子，由他们设计、策划、塑造自己的校园。

孩子们纷纷化身"小小设计师"，有的以"五彩爱都"为主题绘制出自己心中的学校的颜色；有的根据"魔法四季"课程设计菜园、校园植被；有的围坐在图书室里设计独属于自己的图书馆；有的设计未来校园……尤其富有创意的是，四年级的孩子们把《绿野仙踪》中的奥兹城堡"移植"到了三楼大厅，他们用废旧纸盒设计并制作了自己的"魔法学校"，塑造出他们心目中理想学校的模样。

四年级的老师们正在带领孩子们进行"英雄的旅程"课程，让孩子们通过给古今中外的英雄制作名片、写颁奖词等多种方式，提炼不同人物的英雄精神，拓宽孩子们对英雄的认识；又通过研读文学作品《绿野仙踪》，了解故事中人物追求自己愿望的历程，让孩子们知道战胜自己也是英雄。孩子们通过一系列对作品的阅读、剖析和综合性创作，全方位地理解到什么是"英雄"，从课程中的英雄到身边的英雄，最终回归到自己。他们根据书中的奥兹城堡共同创造了属于自己的"魔法学校"，从设计到涂色，再到搭建，历时一周的时间，终于完成了这项挑战。他们战胜了自己，成了英雄。他们的作品摆在走廊上，成为一处亮丽的风景。

在得知要搭建理想中的"魔法学校"之后，孩子们一口气带来了很多物品，一天之内就有200多个箱子出现在了准备室，可是要怎么从中选择适合的箱

装饰"魔法学校"大厅

"海底剧场"

子呢?孩子们先画出了城堡的整体设计图,再根据设计图筛选纸箱。就这样,历时一下午,孩子们反复斟酌后,选出了21个纸箱。接下来就是粉刷颜色了,孩子们一刻没有停歇,仔细地粉刷着箱子的内壁和外壳。等到给箱子涂好颜色,基本的架构就完成了,下面就该分工设计每个房间啦!

领到任务的孩子们已经七嘴八舌地讨论了起来。

"图书馆一定要大一些,我要设计成复式的!"

"咱们学校经常有参观的领导、老师,城堡中间应该设计一个大大的会客厅!"

"对,这间就做城堡接待室吧!不仅要有超大屏的电视,还要有沙发、暖气,不要冻坏了客人才好……"

"美术馆应该有好多艺术展品,我家里有一些可以摆进去。你手工很好,可以用太空泥做些参观者。"

就这样,在愉快的讨论中,大家按照自己擅长的方向有序分工,制作活动有条不紊地进行,课间、放学后都能看到他们忙碌的身影。

孩子们拉着老师第一时间去参观他们的作品,小鲤鱼班把小剧场的外墙贴满鱼和贝壳,连门帘上都是鲤鱼元素,掀开就会发现里面聚精会神在看电影的观众们,就像神奇、安静的海底世界。

小水滴们制作的多功能操场可以"变身",各种器材能随意转换;善良的小星星们为生态教室里的肉食动物与草食动物做了隔离带；小火苗们在两栋楼之间安装上彩虹般的旋梯，小糖果们还在艺术馆里放了个稻草人……新奇的创意处处彰显孩子们的智慧与灵感。

"魔法城堡学校"

城堡建成了，孩子们一下课便来到这片"藏宝地"，像照顾自己的宝宝一样，对每处物品都如数家珍。

突然有一天，他们发现城堡有些塌陷了，孩子们急得像热锅上的蚂蚁，一群人围着城堡观察着。到底怎么回事呢？

这时，火箭班的铭轩小心翼翼地伸出手轻摸，托一托塌陷处，马上发现了问题——原来是因为纸板太薄被上面的房间压垮了！他激动地高呼伙伴们来拯救自己心爱的城堡。小硕赶紧跑过来说："我们做一个柱子来支撑它吧。"

说干就干！用一把尺子试试，太短了；用卡纸卷个直筒，太软了；咦，稻草人上的木棍长短正好合适，先借用一下吧。

一阵忙碌之后，两根木棍撑起了城堡的塌陷处，但是光秃秃的木棍显得与周围的环境格格不入。

这时巧手的锦程说："我可以用橡皮泥捏几条龙装饰一下柱面。"

很快，木棍上就盘上了两条活灵活现的长龙，跟华表一样神气。

"太完美了！"周围的孩子们都欢呼起来。

就这样，这座城堡一直都是孩子们眼中的宝贝，被他们呵护着、照顾着。

孩子们面对建造魔法城堡过程中的挑战和困难时，不退缩，迎难而上，并能够战胜它们，一个个勇于战胜自我的小英雄诞生了。

"爷爷,我的铁环呢?"

(2017年6月1日)

2017年6月1日的儿童节,对于小源而言是极其快乐的一天。

这天早上,小源踏着欢快的歌声来到学校,他看到同学们身着盛装,投入到一个又一个游戏中。

滚铁环可是他第一次玩。他一手拿着铁钩,一手扶着铁环,轻轻地将钩子搭在铁环上,还没等他松手,铁环就歪倒在了地上。看来,这滚铁环还有诀窍呢。

滚铁环

正在他聚精会神的研究时,有一群客人从走廊里走来,走在最前面的是一位和蔼可亲的爷爷。听爸爸说,20世纪70年代时,孩子们最喜欢的游戏就是滚铁环了。或许这位爷爷会滚铁环吧。

他拿着铁环跑到爷爷跟前,很有礼貌地说:"爷爷好!您会玩滚铁环吗?"

爷爷愣了一下,说:"我小时候不像你们现在这样,有这么多玩具可以玩,那时候玩得最多的就是滚铁环了。"

"您也喜欢滚铁环,能请您和我们一起玩吗?"

爷爷愉快地拿过铁环。只见他把钩子挂在铁环上,另一只手将铁环滚动起来，真是太神奇了。爷爷先是小步快走，后来跟着铁环跑了起来，一圈、两圈、三圈……娴熟的动作博得同学们阵阵掌声。小源不禁大声喊道："爷爷，您真牛！"旁边另一位爷爷也熟练地玩起来，吸引着小伙伴们围观。现场掌声一片，小南还主动跟爷爷比赛……校园顿时热闹起来。

游戏结束时，爷爷边擦汗边说："现在的孩子玩那个年代的老游戏，这很好。好的东西需要传承。"爷爷一边说一边把铁环递给了身边的老师，又去另一边参观跳皮筋了。

不一会儿，小源跑过来询问说："爷爷，您刚

向省、市领导介绍自己的作品

省、市领导跟孩子们一起过"六一"

才用的是我的铁环,它在哪儿呢?"

爷爷环顾四周说:"哦,小朋友,对不起,我忘了还给你了,刚才我把铁环给谁了?"

一位叔叔远远地说:"铁环在我这里呢!"

爷爷把铁环接过来,递到了小源手里,摸着他的头说:"谢谢你,小朋友。你以后要继续好好锻炼哦!"

小源说:"我记住了!爷爷,您太牛了,我太佩服您了!"

孩子的率真、大方、自信引得大家露出了赞许的微笑。他不知道,这位爷爷就是当时新上任的山东省委书记刘家义,刘家义书记来山东参观的第一所学校就是爱都小学。孩子之所以如此率真,得益于学校"新童年教育"的实践研究,以及"为生活重塑教育,为生命守护童真"的办学追求。

成长季 爱都之夏

教室里的海底世界

（2017年5月5日 立夏）

夏天是美丽的，也是酷热难耐的，若能在夏日漫步海边，吹着凉爽的海风，欣赏日落的美景，夏日的炎热一定会瞬间一扫而光。如果能在金色的沙滩上嬉戏玩耍、捡捡贝壳，就更加惬意了。

大海应当是夏日里所有人心生向往的胜地，对于远离海洋的我们来说，还是先打造一个海洋风格的班级环创吧，让孩子们不去海边也能感受到夏日海风带来的丝丝凉爽。

爱都小学的每一间教室都是随季节、课程的变换而不断变化的。在学习"神奇的动物王国"课程时，教室是个动物园；在学习春天课程时，这里是花的王国；现在要学习海洋课程了，教室就该变化成一个海底世界了。

纸盘鱼

教室里的渔网

瞧，教室里到处都是跟海洋有关的手工制作！水滴班的教室里悬挂着一串串用纸盘做成的鱼，糖果班的教室里则悬挂着一串串用矿泉水瓶子做成的水母，鲤鱼班的教室里则直接挂了一张真正的捕鱼的网……风一吹，鱼儿、水母随风飘摇，就像真的游动起来一样，孩子们仿佛真的来到了海底畅游。

在"海风"的吹拂下，孩子们又开启了一段新的学习旅程——一起走进神奇的海洋世界。

小螺号，嘀嘀嘀吹，海鸥听了展翅飞……

每日晨圈的伴奏音乐已经变成了《赶海的小姑娘》和《小螺号》，晨诵也换成金波的诗《听海》。

我珍藏着一只金色的海螺，

常常放在耳边静静地听海。

涛声阵阵，从海螺里传来，

我听见了一支大海的歌。

第二天就有孩子带来了一个大海螺，孩子们欣喜地逐个拿起海螺贴耳尝试，仿佛真的听到了波涛的声音。

带着对大海的好奇，老师和孩子们一起开启了"海洋探险之旅"：学习关于海洋的诗文，了解关于海洋的知识，与可爱的海洋动物交朋友……

在课程开启仪式上，老师从甲骨文"海"字入手，让孩子们明白了海是万川之母，并带领孩子们观看关于海底世界的纪录片。孩子们不由自主地走进了浩瀚而神奇的海洋世界，认识了各种各样的海洋动物，欣赏了多姿多彩的海洋植物，这激起了他们对海洋极大的探索热情。

在随后的课程里，老师和孩子们一起深入海洋世界，搜索海洋生物的资料，探寻海洋生物的奥秘，发现海洋生物的智慧，创造与海洋相关的系列作品……

孩子们知道了貌如天使的"冰海小精灵"的名字"冰海天使"是从希腊神话中海神的名字演化来的。它们的身上长着一对类似翅膀的器官，当它在海水里展翅游泳时，就像天使一样。

孩子们知道了"桃花水母"又叫"桃花鱼""降落伞鱼"，生长于温带淡水中，其形状如桃花，并多在桃花季节出现，所以叫作桃花水母。这是一种濒临灭绝、古老而珍稀的腔肠动物，有"水中大熊猫"之称。

他们知道了"澳大利亚箱型水母"别名"夺命仙子""海黄蜂"，被其蜇伤后30秒便可致人死亡，被列为世界最毒的十大毒物之一。

他们还知道了自20世纪80年代以来，我们赖以生存的海洋，已经因为人类无止境的索取和破坏，变得遍体鳞伤。我们一定要共同努力，守住这一片蔚蓝：去海边游玩时要做个有责任的海边旅客，不乱丢塑料制品，避免"塑化"海洋……

数学课上，老师带领孩子们观察大海中的生物、海上交通工具等，并对它们进行简单分类，如贝类、鱼类，游船、舰艇……他们一起探索海洋中有趣的规律，如潮汐规律、海军指挥规律、汽笛声音的规律等，目的是让学生们充分感受大自然的规律，体会数学与自然的关系。他们一起研究"海洋"中动物、植物、船只身上有趣的对称现象……

纸盘鱼

"小鱼，你好！"

阅读了绘本《我的小船》之后，老师带领孩子们开展项目式学习，深入研究船的演变、航行机理等知识，并让孩子们尝试设计、制作小船。

随着主题学习的逐渐深入，教室里、走廊上展示的作品也越来越多：描写海洋的诗文和配图、小船设计图、轻灵的创意手工水母、轻快又结实的手工小船……

小水滴们还在教室里养了小鱼、小虾、小乌龟，还有万耕同学从厨房抢救出来的一对小龙虾。

"你好，小孔雀！"

"你好，小乌龟！"

"你好，小龙虾！"

每天晨诵后，孩子们打招呼的对象从春天课程的植物换成了教室里养的一个个小动物。每个课间，他们都会来看望这些水中的小精灵，给它们换水，看它们嬉戏。

仔细看，这群乌龟怎么一动不动？难道在"夏眠"吗？原来这些"乌龟"是心灵手巧的小水滴们用香菇制成的，也太逼真了吧！

这天一早，万耕同学突然发现，他带来的小龙虾身体蜷曲、一动不动，便急忙招呼大家来看。小水滴们纷纷跑来，仔细观察、拨弄，确认小龙虾真的死了。

小水滴们非常伤心，舍不得扔掉它。有小水滴提议把它埋在操场的树下，这样下课时还能去看望它。于是，所有小水滴来到操场，郑重地埋葬了小龙虾。很多小水滴都哭了。老师安慰小水滴："小龙虾虽然死了，但它带给了我们几天的快乐时光。让我们一起诵读感恩诗，送别它吧！"

海洋课程让小水滴们了解了海洋海纳百川的胸怀、奋勇前行的精神，让孩子们拥有了悦纳万物的悲悯心怀。

走廊上的海洋世界

孩子们的手工作品"香菇乌龟"

探秘海洋馆

（2017 年 5 月 12 日）

　　初夏的清晨，太阳刚露出半边脸，就把东方的天空映照得火红一片。五辆满载师生的大客车从爱都小学门口徐徐驶出。一年级的小蜜瓜们开启"泉城海洋极地世界"研学之旅了。

　　小蜜瓜们外出研学时心情异常激动，学习了一周的海洋课程后他们太期待看到那些书本上的海洋生物朋友啦！老师们还为这次研学准备了"研学课程游学单"呢！

　　世界上有哪四大洋？一天中，海水的温度什么时候最高、什么时候最低？在车上，孩子们继续讨论着与大海有关的话题。他们唱着欢快的《赶海的小姑娘》《小螺号》，朗诵着有关海的诗歌，跟着辅导员老师学习关于海洋生物的英文名称。这将是一次不同凡响的课程之旅，每个孩子心里都充满了无限期待。

　　汽车终于抵达泉城海洋极地世界，研学之旅开始了。带上任务卡，快快出发吧！

　　一进门，小蜜瓜们就被各种各样的海洋动物吸引了，他们热情地与海豹、白鲸、海龟、鲨鱼等打招呼。

　　孩子们在参观时，认真地聆听讲解员的细心讲解。

　　雅茹问道："翻车鱼妈妈为什么是伟大的母亲？海马爸爸为什么是伟大的父亲？"

　　媛媛充满好奇地问："国际海豹日是哪一天？海豹与海狮有什么区别？"

若琰走到讲解员身边礼貌地问道:"阿姨,您好!请问笑脸鱼为什么又叫魔鬼鱼呢?为什么现在海龟急剧减少?"

汶汝则好奇"中华鲟"的名字从何而来,不同种类的水母特点是什么。

看到孩子们都有强烈的好奇心,老师们也深受感染,请讲解员给孩子们再讲讲海洋垃圾对海洋生物造成了什么危害等。

孩子们带着各种疑问进入海底隧道,各种海洋生物从孩子们头上和身旁悠然游过。色彩鲜艳、种类繁多、外形奇特的小生物们成功地勾起了孩子们的好奇心,长长的海底隧道引来了孩子们的阵阵惊叹。

孩子们陆续来到水母馆、海豹馆、生物标本馆、海底世界、极地世界。水母馆中,一个个色彩斑斓的神奇精灵通体晶莹透亮,像透明小伞一样在水中悠然漂浮,伞缘的触手飘逸,如同在舞动,优雅而美丽。小蜜瓜们惊叹不已,他们抱着水晶柱想要摸

观察白海豚

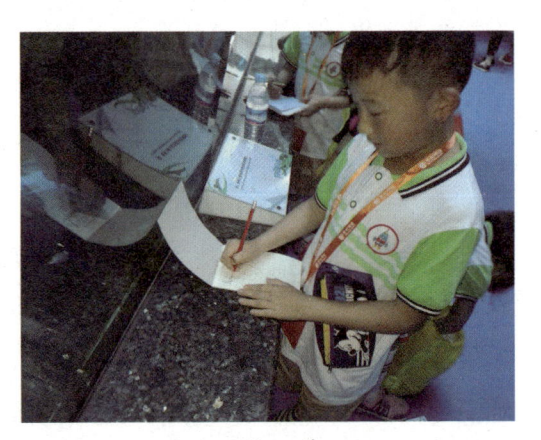

随时记录研学日记

研学海洋馆

摸它们。

海洋剧场的表演开始了，孩子们被海象的精彩表演所吸引。原来海狮的智商这么高，不仅会演奏乐器，还会做算术。我们也来一场算数 PK，可不能被小海狮比下去。美人鱼表演更是让孩子们置身于童话般奇妙的海底世界。

我为海洋宝宝代言

孩子们来到海洋科普馆时得知了一个"惊天秘密"——鲸鱼、海豚竟然不是鱼类！孩子们决定把自己看到的鱼类、哺乳动物分别记录下来，回去好好研究。

三个小时中，小蜜瓜们徒步参观了整个海洋馆，与海洋生物亲密接触，了解了不少平时难以见到的海洋生物，这让小蜜瓜们对充满奥秘的海底世界萌发了更深的向往之情。

回到学校，他们进行了海洋生物知识"大闯关"；还装扮成自己最喜欢的海洋生物，用讲述、写绘、戏剧表演等形式表现出海洋生物的外形、大小、色彩、运动方式、生活习性、在绘本故事中具有的品质等；为海洋宝宝代言，替它们向人类发出呼吁……

他们还在一周之内向外班的 6 个小伙伴和 6 位大人介绍自己代言的海洋生物，让更多的人喜欢它、了解它。

孩子们继续徜徉在海洋的世界中，体会海洋的美妙与神奇……

哪吒闹海

（2017年6月1日）

随着夏日海洋主题课程的深入学习，写作、绘画、音乐、戏剧表演都成为孩子们展现课程收获的方式。

孩子们除了了解海洋本身，还通过绘本《小海龟的勇敢旅程》《最大的鱼》和电影《海底总动员》等了解海洋生物的神奇，以及故事中角色蕴含的勇敢、智慧、友好等各种优秀品质。最后，孩子们通过表演四幕剧《哪吒闹海》体现自己的收获，跟着神话故事里的小英雄哪吒，去挑战那深邃得仿佛不可战胜的大海。

《哪吒闹海》脱胎于中国古典神话，是一个孩子们耳熟能详的故事。在海洋课程的最后一环，这个故事以戏剧的形式融入孩子们的课程。

孩子们在老师的指导下，充分研读了故事剧本，梳理出每一幕的剧情脉络，明晰了主要角色的人物性格。

哪吒的机智与孤勇，李靖的软弱与无奈，太乙师父的包容与慈悲，龙王一族的暴虐与狂悖……在进行文本学习的时候，孩子们就对这一个个性格鲜明的角色倍感兴趣，仅是简单的分角色朗读，大家就已经进行得有声有色。

在主题课程的学习过程中，一切皆可成为孩子们的学习工具，写作、绘画、音乐，乃至需要去切身体悟、表达的戏剧，都是可供孩子们展现学习成果的方式，力求全方位地调动起孩子们学习的感官体验。因为在之前的课程当中，孩子们已经有过戏剧学习的经验，对于这样的学习方式越来越驾轻就熟。就连曾经在戏剧课上略显害羞的孩子，在《哪吒闹海》的角色选拔会上，也积极地想为自己争取到"师父"的角色。重要的主角，伟大的配角。在一场戏剧表演中，不论你饰演的是枪指天地的盖世英雄，还是风浪间奔跑忙碌的虫鱼草木，只要你身在其中，你就是这个舞台上最闪耀的存在。在一个完整的故事里，每个人都不可或缺。孩子们笃信这一点，认认真真地背熟自己的台词，并热情十足地投入到排练当中。

快瞧，那是孩子们正在排练《哪吒闹海》！文静的一熠竟然反串起了白胡子飘飘的太乙真人。弋洋在周末就让妈妈给她扎上两个小发髻，肩披妈妈的长丝巾当混天绫，脚踩轮滑鞋来学校广场转了一圈。此时，她正手拿纸壳火尖枪与龙王对峙。

戏剧学习是一种十分奇妙的方式。在这个过程当中，孩子们不再只是一篇文本故事的旁观者，而是真正走进了故事、走近了人物。当孩子们一遍遍地以剧中人的身份说出台词时，语气就不由自主地变得真挚起来。那一刻，仿佛她就是太乙真人，正尽心尽力地教导自己年幼顽劣的徒弟如何躲避灾祸；仿佛他就是那凶悍残忍的东海龙王，因失去爱子而变得暴虐；仿佛她就是不甘被命运束缚的哪吒，为了自由，可以义无反顾地反抗。

孩子们在排练过程中自然而然地加深了对剧本故事的理解，在对剧本的反复讨论中，碰撞出许多灵光乍现的火花。只要符合人物性格，台词可以不拘泥于剧本本身，一个语气、一个动作，也要用心琢磨。戏剧课程的学习，从一开始老师进行引领性指导，到最后孩子们越来越多地发挥自己的能力，就连角色的服装道具，也是由孩子们自己精心设计

排练《哪吒闹海》

而成。

最终，孩子们以《哪吒闹海》期末戏剧展演的形式完成了这一段课程学习。孩子们通过肢体动作表达故事的情节。在情境中，孩子们展开想象，发挥创意，大胆表现，全身心地模拟、再现故事场景。

舞台上，每一个角色都是独一无二的存在，又配合得亲密无间。一场成功的戏剧学习，并不止于培养几个演技非凡的小演员，更多的是让孩子们亲身走进故事当中，身临其境地感受，调动

表演《哪吒闹海》

多重感官具身学习，在彼此台词碰撞那一瞬间，迸发出醍醐灌顶般的感悟。从读课文都声如蚊呐，到站在舞台中央大胆表达；相约课后排练，用心合作，这些无一不是孩子们从中获得的成长，也将是他们学习之路上宝贵的财富。

大海，我来啦！

（2017 年 7 月 16 日）

一年级的最后一课"难忘的假日"是一次游学课程。从行李的准备到行程的安排，老师们都做了细致、耐心的引导，希望通过这次美好的假日之旅为一年级画上一个圆满的句号。

而我们的小蜜瓜们也真真实实地经历了一次难忘的夏日海滨之旅。

各种各样的海洋动物，它们如何进食？怎样生存？遇到危险时会采取什么样的方式逃跑或还击？带着种种疑问，孩子们来到了中国海洋大学研学中心，准备跟随专家，来一场海底奇遇。

专家们用饶有趣味的课程引发学生对探究"海兽家族"的兴趣：海兽有什么共同特点？怎么区分海豹和海狮？巨型海洋动物标本是怎么制作的？专家用清晰的讲解和生动的画面带领学生走出课本，走入实践。这不仅拓宽了海洋课程的实施途径，也让课堂更加生动有趣、充满活力。

青岛海洋世界研学之行成了队员们心中美好的记忆，照亮了每个孩子心中的那片海。队员们在研学过程中，了解了不少海洋知识，也激发了自己保护海洋的责任感和使命感。队员们徜徉在海洋世界中，流连忘返，直到走出展馆还意犹未尽。

五四广场位于青岛市中心，其标志性雕塑"五月的风"以螺旋上升的风的造型和火红的色彩，充分体现了五四运动反帝、反封建的爱国主义基调和张扬腾升的民族力量。雕塑对面的海中有可喷到百米高的水中喷泉，整个景区的氛围宁静典雅、舒适祥和。五四广场临近大海，但这一带的海面完全没有浪花拍岸、汹涌澎湃的气势。这里的海太静了，静得看不到有起伏的波纹；这里的海太蓝了，在阳光的照射下就像一块闪闪发亮的蓝宝石。

隽凝在研学日记中写道："当我们的脚步迈向五四广场的时候，春风越发地温柔，越发地温暖，越发地热情，她像一个小孩子一样与我们尽情地嬉戏，使我不得不陶醉于其中。我们的脚步迈向了奥帆中心，我感到无限的乐趣正向我们走来，我多么渴望能紧紧地抱住它，无时无刻不去享受它。"

松软软的海滩呀，

金黄黄的沙，

赶海的小姑娘光着小脚丫。

孩子们唱着歌来到本次研学活动的最后一个风景区——石老人海水浴场赶海。这里也是孩子们玩得最开心的地方。

雨冉在研学日记中写道："来到这里后，随着老师一声令下，我们纷纷向海边跑去。我们脱下鞋子，扒下袜子，挽起裤子，像离弦的箭一般争先恐后地奔向海边。在海边，我们感受到了夏风给我们带来的凉爽与欢乐，又感受到了大自然的美丽与神奇……"

弘瑞在日记中写道："夏天的风吹起了一阵阵的波浪，海水打到沙滩上，我穿着我的湿裙子，和同学一起打水仗，那可真爽啊！我们在沙滩上做了一个城堡，还做了一个国王、一个王后的雕像呢。他们在城堡里面过着幸福的生活，这也是我们所有同学都向往的生活。我和我的同桌还一起在沙滩上捡贝壳，其实就是一些破了的'星王'皮。我

在沙滩上比赛挖沙坑

们还一起尝了尝海水的味道，可真咸啊！可我的同桌开玩笑地说：'一千多人的洗脚水，能不咸吗！'我们便一齐大笑起来。"

　　在老师的眼里，一年级的小蜜瓜们就是一只只小小的船，航行在知识的海洋里。每一个孩子不仅学到了知识，更重要的是展现了自己独特的能力：动手能力、绘画能力、表演能力，以及合作能力。在今天的"航行"中，相信小蜜瓜们会一边欣赏风景，一边经历风浪，不仅能从海洋世界中探寻到更多生命的宝藏，更能得到精神的滋养。

　　孩子们，向着远方，快乐前行吧！

在石老人海水浴场赶海

在中国海洋大学校门口合影留念

荷花朵朵开

（2020 年 7 月 26 日）

不同的季节，

有着不同的物语。

六月起，

那一塘塘粉红的、纯白的、淡黄的睡莲、荷花，

在这明艳的季节里，

将连结成海，装扮一整个夏天。

"四面荷花三面柳，一城山色半城湖。"济南人自古就喜爱荷花，早在唐宋时期，济南的湖畔池塘就有了荷花的倩影。济南每年还要举办"迎荷花神节"和"送荷花神节"，因为荷花是济南的市花。

2020 年的盛夏，荷花伴着潺潺湖水散发着清香应时而来，可同时来的还有反反复复的疫情。疫情困住了孩子们亲近自然的脚步。即便如此，爱都学子们还是通过"线上赏荷"的课程，与荷花仙子相处，研究了荷花的外形特征、生长习性、精神品质，其高洁、清廉的品质将成为爱都学子一生追求的目标。

孩子们通过翻阅百科全书、上网查询以及实物观察的方法，对荷花的外观、习性、品种、种植方法、可制作的美食等方面进行分析研究，完成了一份份科学而严谨的《荷花种植可行性报告》。

荷花的清香沁人心脾，荷花的美貌已深入人心。孩子们从荷花的生长状态、形状、颜色、气味以及荷花生长地的水质等方面进行了细致的观察，并情不自禁地拿起手中的笔，完成了一幅幅精美的观察手记。娇艳的荷花、碧绿的

娇艳的荷花、碧绿的荷叶、飞舞的蜻蜓都定格在孩子们的心中

荷叶、飞舞的蜻蜓……这样的美景定格在孩子们的心中!

接下来,孩子们摇身变成一个个"小生物学家",通过实验,证明了荷叶的光合作用,验证了莲藕中存在淀粉。

植物叶片散失水分是为了降低周围的湿度,从而抵御炎热。但叶子中的水分并没有全部散失,还有一部分在叶子里发生了变化,好像生成了一些能量,还释放出了氧气,你知道这是怎么回事吗?孩子们结合四年级上册科学课中学习的植物叶的蒸腾作用和光合作用的知识,用图画和文字的形式展现了荷叶的光合作用。

孩子们在四年级上学期科学课中学习到,叶子的光合作用产生的淀粉是被运输到地下的茎中贮存起来的。他们结合淀粉遇碘变蓝色的相关知识进行了科学实验。在实验报告中,他们首先描述了怎样提取藕的汁液,然后阐述怎样检测汁液中的淀粉,最后得出结论:莲藕中确实有淀粉。

荷花,多少人为之倾倒,多少文人骚客为之写文、作诗。我们学习了很多有关荷花的古诗和美文,跨越时空界限,与先贤共赏荷花。

紫涵说:"我体悟到了周敦颐的'予独爱莲之出淤泥而不染,濯清涟而不妖'中荷花的清新脱俗。"

子蠡说:"我欣赏了杨万里'接天莲叶无穷碧,映日荷花别样红'中荷花的无穷魅力。"

禹诺说:"我品味了女词人李清照'兴尽晚回舟,误入藕花深处'的无双妙笔。"

佳琦说:"我读出'菡萏香销翠叶残'中的伤痛。"

……

同学们也积极、踊跃地创作了一首首荷花诗,巧妙地运用了荷花这一意象,构思新颖,想象奇特。

读过《宝莲灯》,沉香的坚韧、勇敢以及对母亲的爱令孩子们感动,孩子们以大明湖为背景或切入点,进行了故事改编。

荷花不但欣赏价值高,还可以做成美食。看,孩子们做了一顿丰富的"荷

跨越时空界限,与先贤共赏荷花

花宴"：有色泽金黄油亮的炸酥荷花，有美容养颜的荷花粥，有美味可口的荷花煎饼。有的孩子还大胆地自主创新，用荷花将快餐改造，研发出一道"荷花汉堡"，真是别有一番风味啊！

  课程要始终链接孩子当下的生活，始终着眼于孩子的成长。因此，课程中的最后一项就是写作，题目是："如果一位外国友人问：'为什么济南人那么喜欢荷花，并把它作为济南的市花？'请你写一篇文章，告诉外国友人其中的原因，同时把我们的文化带给他们。"同学们从历史文人笔下的"荷花诗"以及荷花的精神等方面进行了阐述，还给济南市市长写了一封信，对打造济南荷文化提出了建议。

  绘荷花之美、诵荷花之魂，课程从研、吟、画多个角度，将科学、语文、美术等学科融合在一起，引导孩子们从多个角度感受着泉城独有的"荷花文化"。

雪儿老师的"四季"

（2020年5月16日）

彩虹班的文斌总能带给雪儿老师"惊喜"！

早上入学，文斌躲到操场不回教室上课；下课后钻到橱子里，故意让老师找不到；放学后悄悄回到教室，再让老师送他一次……这样让人提心吊胆的"惊喜"不胜枚举。

这次，文斌的作业却给了雪儿老师不一样的"惊喜"。

刚学完课文《四季》，老师布置了一项作业：请你画出你心目中的四季。几乎所有小朋友的写绘都是一张纸分四份：春天的嫩芽，夏天的大树，秋天的枫叶，冬季的雪花。唯独文斌的写绘是在一棵树上"长满"了四季。

雪儿老师的四季

作为负责开展"全课程"教育的雪儿老师，嗅觉非常敏锐——这是个教育的好时机。于是，她设计了一场小太阳班"小设计师新闻发布会"。在发布会上，每个孩子将讲述自己的画作的设计理念。等了很久，终于到文斌了。只见他慢吞吞、羞答答地走上台，深吸一口气，又扬起头自信地说："我画的是操场上的那棵树，树一直站在地上，季节在变，树也在变，我就是这么想的。"

"那你是怎么想到要画这棵树的呢?"

"因为我见到过啊!刚开学的时候,我们去树下捡过树叶,那时候树是黄色的;下雪的时候,我们去堆雪人,树叶都掉光了,很冷;这学期我们去找春天,树变成绿色的了。"

其实文斌说的这些都是四季课程里每个季节课程中的内容:"秋天课程"里,孩子们做过图形树叶画,雪儿老师猜想,他去捡树叶的时候观察了这棵树;"冬天课程"里,下雪的时候老师带他们去感受冬天,堆过雪人、打过雪仗;春天来了,我们在惊蛰那天看小草发芽,听小虫苏醒。虽然文斌表述得不那么完整,但的确都是我们做过的内容,这说明课程的种子已经深深印在了他的心里。

爱都"全课程"的魅力就在于此。我们的"全课程"带给孩子的并不只是知识本身,更多的是一种留心观察生活的意识、一种探索发现的能力。也许像文斌这样能让老师随时"提心吊胆"的孩子会让老师"抓狂",但是通过课程我们又发现了他可爱的一面。

此时,雪儿老师觉得她就是操场上那棵一动不动的树,她一直守候在原地,而她的"树叶宝宝"们每天都让她"惊喜"连连,他们就是老师的"四季"。

走过二十四节气

（2022年6月1日）

观察麦苗

二十四节气是世界上最有诗意的历法。一年四季，六年级的爱都娃走进自然时序，记录节气生活，感受时节之美。

他们在校园里看过秋叶，赏过冬雪，望过春雨，闻过夏蝉，在自然铺陈的画卷中体会了四季冷暖、物候变迁，在丰富的校园生活体验中发现自己成就自己。

拾秋、赏月、交友、寻春……这既是他们学习的内容，也是他们的生活。学习与生活自然地联系在一起，生活本身就成了学习。

当树叶沙沙作响，那是风儿吹过的声音；当水花叮咚奏乐，那是水流过的声音；当一颗种子被埋进土壤，从发芽到枝叶茁壮，再到开花结果，那就是成长的声音……

操场边，满树紫薇烂漫，花开百日红。爱都的校园又将迎来新的开学季，又将有新的孩子在树下笑得天真烂漫，开启他在爱都的童年生活。一切如这夏花般绚烂，亦如这个世界的万物生生不息……

五月的风吹过，吹黄了麦浪……

爱都小学迎来了第一批学生的毕业季——

济南市市中区爱都小学的青葵园里，泛起了金黄的麦浪。经过孩子们八个多月的耐心等待和精心呵护，青葵园里的小麦从一粒粒小小的种子变成一棵棵饱满的麦穗。爱都师生们相聚在此，为毕业班参与种植的小麦举行了一场别开生面的"毕业典礼"，纪念他们的毕业季。

"秋分早，霜降迟，寒露种麦正当时"在2021年寒露种下的冬小麦成熟啦！

从种子被种下的那天起，孩子们的心里就多了一份牵挂：未发芽时，日日去看，着急何时发芽；久不下雨时，着急去浇水；待到麦子终于冒出了绿色的小脑袋，就拿着尺子去量长高了多少；除虫、拔草，忙得不亦乐乎。秋去冬至，一场大雪降临，孩子们到校的第一件事就是去看麦子。拨开积雪，满眼青绿，他们感叹麦苗的坚韧和顽强，然后带着"冬天麦盖三层被，来年枕着馒头睡"的期盼，不舍地返回课堂。风吹麦浪起，收麦时节到了，他们拿起工具，争分夺秒，势必要拿捏好火候。孩子们跟着农家老师傅学习收麦

在青葵园里收麦子

子的技巧。丰收是喜悦的,也是忙碌、辛苦的。他们忍受着麦芒扎在皮肤上产生的灼热、奇痒和刺痛感;忍受着炎炎烈日的炙烤;忍受着淋漓的汗水把眼睛渍得生疼……一束束金黄的麦穗被整齐收割,孩子们更加懂得了"粒粒皆辛苦"的含义。

从亲手播种到日日养护,再到成熟收割,这群毕业班的孩子们抚摸着麦穗,如同看到自己的"孩子"成才一般欣慰、欣喜。接近一年的辛苦劳作,在今天收到了最甜美的成果。在这个过程中,不论是知识的积累、劳动的辛苦,还是小麦的一生带给他们的触动,都将成为伴随他们一生的独特回忆。

后　记

2015年，我接到爱都小学执行校长的任命，内心又激动又紧张，激动的是，这所学校将是高起点、高定位的学校，实施课程改革，探索新的育人方式；紧张的是，毕竟是新建学校，能不能干好，我心里没有底。

周末，我来到学校建设工地，只见吊塔高耸，机器轰鸣，车辆穿梭，建筑工人们忙忙碌碌，一片热火朝天的景象。

面对正在拔地而起的教学大楼，我一边在校园的周边漫步，一边思考：这将会是一所什么样的学校？如何才能把学校办成孩子喜欢的样子？怎样的教师团队才能满足学校的改革需求？……

带着这些思考，我接受组织的委派，开始了去北京的学习之旅。

我非常幸运地遇到了"全课程"理念，遇到了全国知名的课程改革专家。面对面的专题讲座、跟岗学习、参观考察，带给我全新的教育理念，令我开阔了教育视野，增强了自信心。

在实践中，是不是照搬"全课程"的经验就能行呢？

北京的学校名师云集，新教师也大都是全国一流名校的毕业生，而爱都小学大都是新教师，骨干教师稀缺。显然，全部照搬照抄是不行的。由此，我又和团队开始思考"全课程"的本土化实施，思考如何结合地域特点开展学校变革。

我们做的第一件事情，就是改变校园环境，为满足儿童成长需要而设计。教室后面铺上地毯、放置沙发，作为学生的游戏区；摆上衣架、工具箱等，为孩子们提供学习和生活用品，温馨舒适的教室让学生感受到家一样的温暖。两位老师包一个班，没有正、副班主任之说，老师们兴致勃勃、集思广益，每位教师都积极投入到班级文化的创设中，还给班级起了好听的名字——糖果班、小水滴班、满天星班等。

随着课程的不断丰富，育人空间从教室延展到走廊，生物角、积木墙、音乐大厅等，都成为孩子们学习的场域。孩子们还自主设计运动空间、文化墙。有限的空间、无限的可能，这些空间也成了教育的强大力量。

孩子们的课程学习就从"我上学啦！"开始，每天早上都在美好的晨圈中开启一天的学习。在一年级的孩子们眼里，没有学科之分，有的是一个个新鲜、有趣的学习活动。孩子们不仅在教室、走廊里学习，还到菜园、社区中观察，写自然笔记。丰富多彩的学习生活让孩子们喜欢上学习、喜欢上学校，有的学生说"上学比上幼儿园还好玩"。

这些成果背后是老师们忘我的工作，他们每天都全身心投入到备课、上课、学习指导中，课间、午餐后、放学后，校园里到处是老师们教研、讨论、经验分享的身影。虽然加班是家常便饭，但老师们特别享受，享受研发课程时由迷茫到豁然开朗的过程，享受课程带给孩子们的惊喜，享受每天崭新的教学内容。"全课程"专家团队成员，一次次走进爱都，与老师们共商共研，带动了教师发展，让老师们有了站在全国演讲台上发言的机会，一篇篇案例札记发表在各级各类期刊上。

2016至2022年，短短六个春秋，在历史的长河里不过是瞬间，但对爱都人来说，却是一段不寻常的岁月。课程改革从模仿到内化，从内化到创新，从创新到优化升级，由最初的始业课程发展为学校育人目标之下丰富的课程体系。至此，一个由爱都老师共同创造、展示着鲜明校本特色的教育体系——

新童年教育，悄然绽放，芬芳四溢。

　　新童年教育"为生活重塑教育，为生命守护童真"，将儿童立场、游戏精神、与生活链接作为三大法宝，让教育与生活、社会和家庭紧密链接，通过学科融合、主题学习，为孩子们创造一种丰富而又完整的童年生活。

　　如今，我已经过了知天命之年，而学校依然是一个蓬勃成长的少年。一路走来，我感慨良多！无论是学校的发展还是我个人的成长，无论是学生的进步还是教师团队的壮大，这里面都蕴含了太多领导、专家的心血！当我为了学生、为了学校的发展去请求领导支持、专家帮忙时，我总能得到及时雨般的关怀与帮助。李希贵校长曾经说过："只要真正为了学生，整个世界都会为你让路。"诚哉斯言！

　　这本书中的故事，是我们一字字写出来的，更是我们一步步做出来的。这是集体智慧的凝聚，是大家共创的成果，是一段历史的见证，是新童年教育花园里收获的小小果实！

　　感谢所有爱都人，感谢所有支持爱都的人。

　　爱都，都爱，我们无比幸运。

吕　华
2022 年 9 月